# Le Succès Ultime

# Le Succès Ultime

Discours sur la vie spirituelle

Swami Ramakrishnananda Puri

Mata Amritanandamayi Center, San Ramon
Californie, États-Unis

# Le Succès Ultime

Discours sur la vie spirituelle par Swami Ramakrishnananda Puri

Publié par:
Mata Amritanandamayi Center
P.O. Box 613
San Ramon, CA 94583
États-Unis

———————— *Ultimate Success (French)* ————————

*Première édition par le Centre MA* : septembre 2016

*En France :*
Ferme du Plessis
28190 Pontgouin
www.ammafrance.org

*En Inde :*
www.amritapuri.org
inform@amritapuri.org

# Dédicace

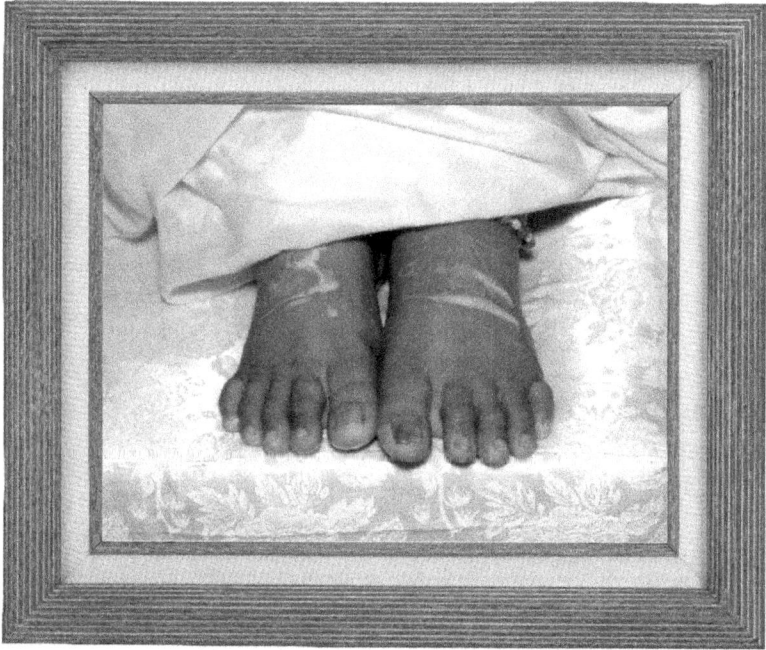

*J'offre humblement ce livre
aux pieds de lotus de mon satgourou bien-aimé
Sri Mata Amritanandamayi*

# Table des matières

# *Préface*

Yo dhruvam parityajya adhruvam parisevate
Dhruvam tasya naṣyathi adhruvam naṣṭameva hi

*Celui qui, dans sa quête de l'éphémère, délaisse l'éternel, finit par perdre et l'éternel, et l'éphémère.*

Proverbe indien

Le monde moderne offre d'innombrables moyens pour savourer les plaisirs des sens, car nous ne vivons pas seulement à l'ère de l'information, mais aussi à celle des sensations. Des plus défavorisés aux plus fortunés, chacun dans la société est déterminé à rechercher les plaisirs matériels, en croyant que la satisfaction des désirs est la plus haute forme de bonheur que le monde puisse offrir.

Cependant, nous doutons tous secrètement de pouvoir vraiment contenter nos désirs et atteindre nos buts. Comme nous le savons tous, il se peut qu'un milliardaire n'aie pas d'enfants affectueux, qu'un champion, médaille d'or aux Jeux Olympiques, souffre de stress et que le mariage d'une vedette du cinéma se brise .

La vérité est que rien dans le monde extérieur ne peut nous offrir une satisfaction permanente. Bien sûr, cela ne veut pas dire que les êtres humains ne doivent pas chercher à être heureux dans le monde matériel. Mais, tout en savourant les plaisirs du monde, nous devons comprendre leur véritable nature et chercher ce qui nous donnera aussi un bonheur permanent.

La seule personne qui a réalisé tous ses désirs est celle qui a transcendé son identification au corps, au mental et à l'intellect, et réalisé ainsi sa véritable nature, le Soi Universel présent dans tous les êtres en tant que pure conscience. Quand nous avons réalisé, par une expérience personnelle directe que le « je » et le Un ne sont qu'un, nous comprenons qu'il n'y a rien à obtenir de la Création, et nous sommes capables de nous fondre dans l'océan de béatitude qui est notre vraie nature et notre demeure ultime.

Si, au contraire, nous utilisons notre vie pour rechercher les objets transitoires du monde, nous passons à côté de la béatitude permanente du Soi. Tout cela, pour se retrouver finalement, au moment de mourir, ou même avant, démunis de tous ces objets matériels.

Amma est l'exemple vivant de celle qui a accompli tout ce qu'on peut accomplir. Selon notre point de vue actuel, les objets matériels semblent offrir le bonheur ultime dans la vie, mais pour Amma qui connaît sa véritable nature, ces objets n'ont aucun intérêt. Une fois que nous atteignons l'état de réalisation du Soi, nous pouvons avoir tout ce que nous voulons, mais c'est un état d'une telle plénitude qu'il ne laisse plus de place aux désirs ; nous ne sentons pas le moindre manque.

Ayant eu la grande chance de vivre auprès d'Amma au cours de ces dernières vingt-sept années, j'aimerais partager quelques-unes de mes expériences avec elle, et les leçons que j'ai pu apprendre le long du chemin. Fondé sur la tradition de la sagesse védique et sur mes propres expériences auprès d'un maître spirituel authentique, l'essai présenté ici analyse les chutes possibles sur la voie de la réalisation du Soi, ainsi que les bienfaits infinis dérivés de cette ultime victoire sur l'ego.

Un dévot m'a fait un jour cette remarque : « Amma est une devinette enveloppée de mystère à l'intérieur d'une énigme. » Non seulement nous ne savons pas qui est Amma, mais nous ne savons pas non plus qui nous sommes. Amma par contre, sait de par sa propre expérience, qu'elle, et nous, et toute la création sommes un. C'est pourquoi des millions de gens de toutes conditions sociales, races et religions, et de tous les coins du globe, recherchent sa bénédiction et son amour. Mais Amma ne veut pas que nous restions dans l'obscurité. Son plus grand souhait est que tous ses enfants, c'est-à-dire tous les êtres vivants, réalisent un jour la béatitude suprême de la réalisation du Soi. C'est l'accomplissement le plus haut auquel nous pouvons aspirer. Amma est le maître parfait qui peut nous mener à Cela. Puissent sa bénédiction et sa grâce aider chacun de nous à atteindre cet ultime succès !

*Swami Ramakrishnananda Puri*
*Amritapuri, 27 septembre 2004*

# Une courte biographie d'Amma

*« Les aptitudes que Dieu nous a données sont un trésor,*
*autant pour nous-mêmes que pour le monde entier.*
*Cette richesse ne doit jamais faire de tort à quiconque,*
*elle ne doit pas devenir un fardeau, ni pour nous, ni*
*pour le monde. La plus grande des tragédies n'est pas la*
*mort, c'est de laisser notre potentiel, nos talents et nos*
*aptitudes rouiller, sous-employés, alors que nous sommes*
*bien vivants. Quand nous faisons usage des richesses*
*de la nature, elles diminuent, tandis que lorsque nous*
*utilisons la richesse que constituent nos dons innés, elle*
*augmente. »*

Sri Mata Amritanandamayi
*« Que règnent la paix et le bonheur »*
Discours pour la session plénière de clôture du Parlement
des Religions du Monde, en 2004, à Barcelone.

Amma est née en 1953, dans le sud de l'Inde, au Kérala, dans un village de pêcheurs pauvres. Même toute petite, il était clair que Soudhamani, comme on l'appelait alors, était unique. Sans aucune incitation extérieure, elle était profondément inspirée par la spiritualité et sa compassion était remarquable. Parce qu'elle était différente, elle était incomprise et maltraitée. Elle a eu une enfance très difficile et a beaucoup souffert.

Très tôt, elle a dû passer la plupart de son temps en corvées domestiques. Comme elle devait trouver à manger pour les vaches de la famille, elle parcourait les villages voisins pour ramasser de l'herbe et passait chez les voisins récupérer leurs pelures de légumes et leurs restes de gruau de riz. Ce qui lui a donné l'occasion de voir beaucoup de choses qui la troublaient : certains mouraient de faim tandis que d'autres détenaient une fortune qui aurait pu nourrir plusieurs générations. Elle a vu beaucoup de malades qui souffraient intensément sans avoir de quoi s'acheter un seul calmant. Elle a remarqué de nombreuses personnes âgées négligées et traitées durement par leur propre famille. Son empathie était telle que la souffrance des autres lui était insupportable. Elle n'était qu'une enfant, mais elle réfléchissait déjà au problème de la souffrance et se demandait : « Pourquoi est-ce que les gens souffrent ? Quelle est la cause de la souffrance ? » Et elle ressentait si fort la présence de Dieu en elle, qu'elle voulait prêter main forte à ceux qui avaient moins de chance qu'elle pour les réconforter et les inspirer.

À bien des égards, c'est à cette époque que la mission d'Amma a commencé. Elle partageait sa propre nourriture avec ceux qui avaient faim. Elle lavait et habillait les vieillards qui n'avaient personne pour s'occuper d'eux. Elle était punie quand elle distribuait aux pauvres la nourriture et les possessions familiales mais sa compassion était si grande que rien ne pouvait la dissuader de continuer.

Les gens ont commencé à remarquer que Soudhamani sortait de l'ordinaire : totalement désintéressée, elle dédiait chaque instant de sa vie à prendre soin des autres et rayonnait d'amour, de l'amour inconditionnel et illimité qu'elle éprouvait envers tous.

À vingt ans, un sentiment de maternité universelle la poussait à prendre dans ses bras tous ceux qui venaient la voir. Elle voyait en chacun son propre enfant et des gens de tout âge ont commencé à l'appeler « Amma », ce qui veut dire « maman » en malayalam. Des centaines de personnes se présentaient chaque jour pour passer un moment avec elle.

C'est ainsi que le *darshan*[1] d'Amma a pris la forme d'une étreinte maternelle tendre et affectueuse. Amma écoutait les gens raconter leurs problèmes, elle les consolait et les caressait. Elle s'est mise aussi à leur enseigner le véritable but de la vie. Les premiers disciples monastiques d'Amma sont venus vivre auprès d'elle en 1979. Ce sont eux qui lui ont donné le nom de Mata Amritanandamayi (mère de béatitude infinie). Comme un nombre croissant de jeunes gens et de jeunes filles inspirés par la compassion désintéressée d'Amma venaient à elle pour être guidés spirituellement, il a fallu fonder un ashram. Ainsi, en 1981, la construction de quelques simples huttes couvertes de palmes à côté de la maison familiale d'Amma a marqué les débuts de l'ashram de Mata Amritanandamayi.

En 1987, en réponse à l'appel de ses enfants éparpillés dans le monde, Amma s'est envolée pour sa première tournée en dehors de l'Inde. Aujourd'hui Amma est reconnue en Inde et à l'étranger comme l'un des dirigeants spirituels les plus importants du monde. Elle passe la majeure partie de l'année à voyager dans son pays natal, l'Inde, et aussi en Europe, aux États-Unis, au Canada, au Japon, en Malaisie, en Australie et ailleurs. La compassion d'Amma transcende les barrières des nationalités, des castes, des sexes, des statuts économiques et sociaux, des croyances, des religions et de la santé. Partout où elle voyage, elle accueille chaque personne qui l'approche par une étreinte maternelle, démontrant par l'exemple que l'acceptation et l'amour inconditionnels constituent le fondement d'une vie au service des autres. Durant ces trente dernières années, Amma a serré dans ses bras et béni plus de vingt-quatre millions de personnes.

---

[1] Le mot darshan signifie littéralement « voir ». Il est utilisé traditionnellement dans le contexte d'une rencontre avec un saint, de la contemplation d'une image de Dieu ou d'une vision de Dieu. Dans ce livre, darshan désigne l'étreinte maternelle d'Amma qui est aussi une bénédiction.

Aujourd'hui, l'ashram d'Amma abrite plus de trois mille résidents, comprenant des moines, des laïcs et des étudiants. Tous les jours, quelques milliers de visiteurs venus d'Inde et du monde entier affluent à l'ashram. Inspirés par l'exemple d'Amma, par son amour, sa compassion et son service désintéressé, les résidents comme les visiteurs se consacrent au service du monde. Grâce à un vaste réseau d'activités caritatives, ils travaillent pour ceux qui sont dans le besoin en leur fournissant abri, secours médical, éducation, formation professionnelle et aide matérielle ou financière. Partout dans le monde d'innombrables bénévoles contribuent à ces efforts emplis de compassion.

L'une des manifestations les plus spectaculaires de cette oeuvre d'amour est l'Institut Amrita des Sciences Médicales (AIMS), un remarquable hôpital hautement spécialisé, sans but lucratif, ultramoderne, de 1200 lits, dédié à l'excellence dans le domaine de la santé et cherchant à améliorer le bien-être de la société grâce à la médecine préventive, à l'éducation en matière d'hygiène et grâce aussi à la recherche médicale. À AIMS, même le plus pauvre des pauvres reçoit les meilleurs soins rendus possibles par une technologie de pointe, des médecins et des infirmiers qualifiés, dans une atmosphère d'amour et de compassion.

Tout récemment, en janvier 2005, Amma a fait la une de la presse internationale, en annonçant que l'ashram allait consacrer 23 millions de dollars américains pour reconstruire les maisons dans le sud de l'Inde, maisons détruites par le puissant tsunami de décembre 2004. Dès que le tsunami a frappé, l'ashram a concentré cent pour cent de ses ressources au secours des victimes, en leur offrant gratuitement repas, abri, assistance médicale et soutien psychologique.

Amma a inauguré sa première institution scolaire, *l'Amrita Vidyalayam* (une école primaire), en 1987, à Kodoungallour, au Kérala. Depuis, l'ashram de Mata Amritanandamayi a ouvert plus de soixante écoles à travers l'Inde, dont des écoles d'ingénieurs, des instituts d'informatique et une faculté de médecine. Toutes ces institutions dispensent un enseignement de haut niveau fondé sur les valeurs spirituelles.

Aujourd'hui, Amma, qui n'a reçu qu'une éducation sommaire, est le Chancelier *d'Amrita Vishwa Vidyapeetham*, l'université privée la plus récente reconnue par le gouvernement indien. Cette université forme des médecins, des ingénieurs, des gestionnaires, des journalistes et des diplômés en lettres et en sciences. Là, les étudiants assimilent les connaissances nécessaires pour mener à la fois une carrière professionnelle réussie et une vie heureuse et paisible.

De plus en plus souvent, on demande à Amma de conseiller non plus seulement des individus, mais aussi la communauté mondiale des nations et des religions. Tout récemment, en 2000, à New York, à l'Organisation des Nations Unies, Amma a été invitée à prononcer un discours devant l'assemblée réunie pour le Sommet de la Paix mondiale du millénaire. En 2002, à Genève, aux Nations Unies, Amma a été sollicitée pour participer à l'Initiative de Paix Mondiale des femmes religieuses guides spirituels (où elle a reçu le prix Gandhi-King de la Non-Violence). Et en 2004, à Barcelone, c'est elle qui a fait le principal discours de la session plénière de clôture du Parlement des Religions du Monde.

Jusqu'à présent, il semble que la plus grande expression de l'amour d'Amma pour le monde, et de l'amour du monde pour elle, a été *Amritavarsham 50, Étreindre le Monde pour la Paix et l'Harmonie* : à son humble façon, Amma a transformé l'événement, conçu au départ par les dévots comme la célébration de son cinquantième anniversaire, en une prière et un plan d'action pour la paix et le bonheur du monde entier. Lors de ces quatre jours, plus de deux cent cinquante mille personnes, dont le Président et le Vice Premier Ministre de l'Inde, un ancien sénateur américain, de nombreuses personnalités du monde politique et des affaires, des représentants des principales traditions religieuses et bien sûr des dévots d'Amma de presque toutes les nations de la planète, ont assisté aux programmes. Au cœur des festivités, Amma a bien entendu fait ce qu'elle fait quotidiennement depuis trente ans : elle a pris dans ses bras, réconforté et béni chacune des personnes qui est venue à elle.

Comme Dr Jane Goodall l'a dit en offrant à Amma le prix Gandhi-King de la Non-Violence en 2002 : « Elle se tient là, debout devant nous : l'amour de Dieu incarné dans un corps humain ».

# Première Partie

# Qu'est-ce que le succès ultime?

*Connaître les autres est une preuve d'intelligence,*

*Se connaître soi-même est une preuve de véritable sagesse.*

*Maîtriser les autres est une preuve de force,*

*Se maîtriser soi-même est un véritable pouvoir.*

*Si tu réalises que ce que tu as te suffit,*

*Tu es véritablement riche.*

Tao Té King

# Chapitre 1

## *Le véritable succès*

Tout le monde veut réussir, mais peu importe le nombre de nos succès, nous en désirons toujours plus. Le chef de service veut devenir un cadre supérieur, le cadre supérieur veut devenir le PDG de l'entreprise, le PDG veut acheter d'autres compagnies. Le millionnaire veut devenir milliardaire. Le sénateur veut être élu vice-président et par la suite, président. Une fois devenu président, il aspirera encore à un poste plus important.

Je me souviens qu'Amma a rencontré un jour le Vice-Président d'un certain pays. Il était alors âgé de presque soixante-quinze ans et sa santé n'était plus trop bonne. Comme il était parti de la base et avait grimpé tous les échelons de son parti politique pour arriver à sa situation, tout le monde considérait qu'il avait très bien réussi sa carrière. Mais il a avoué à Amma qu'il avait un dernier objectif à atteindre, sans lequel il ne pouvait pas estimer qu'il avait réussi sa vie : il voulait devenir Président de son pays.

Personne ne considère sa situation actuelle comme une réussite totale. C'est pourquoi il existe tant de séminaires sur : « Comment attirer le succès dans votre vie ». Et pour ceux qui ont réussi, il y a des stages pour « attirer plus de succès encore ». Il existe même des formations sur « Comment enseigner avec succès à atteindre le succès ». La réussite est souvent définie comme quelque chose de plus que ce dont nous avons déjà fait l'expérience. C'est pourquoi nous sommes tout le temps en train de nous efforcer d'acquérir ou d'atteindre autre chose.

Certains veulent plus d'argent, d'autres veulent le pouvoir ou la célébrité. Il existe aussi bien sûr des gens qui poursuivent de nobles objectifs. Mais tant que nous définirons le succès comme la réalisation d'un quelconque but extérieur à nous-mêmes, nous ne pourrons jamais sentir que nous avons vraiment réussi. D'abord, il se peut que nous n'ayons pas les qualifications nécessaires pour atteindre un objectif particulier. Et si nous sommes assez qualifiés, il se peut que l'occasion favorable nous glisse entre les doigts. Même si le moment opportun arrive, nous pouvons avoir à faire face à de nombreuses difficultés. En plus, avec le temps et l'expérience, nos priorités changent. Quand nous aurons enfin atteint notre but, il se peut que notre point de vue et notre définition de la réussite aient changé. En fait, nous aurons toujours l'impression que quelqu'un d'autre aura mieux réussi que nous.

Cependant, d'un point de vue spirituel, chacun possède la même richesse intérieure et bénéficie du même potentiel de réussite. Si une personne est handicapée physique, il lui sera difficile de réussir en tant qu'athlète. Un muet ne peut pas faire une carrière de chanteur. Celui qui n'a ni argent ni expérience dans le monde des affaires a peu de chance de devenir entrepreneur. Un délinquant notoire ne pourra jamais être fonctionnaire titulaire de son poste. Pourtant tous ces gens possèdent le même trésor spirituel ainsi que le potentiel pour le réaliser et véritablement réussir.

Quel est donc le vrai succès ? Selon l'ancienne tradition indienne connue sous le nom de *Sanatana Dharma*[1], il existe un accomplissement dont il est dit : *Yal labdva naparam labham* , ce qui signifie : ce après quoi, il ne reste plus rien à atteindre. Ce but, c'est la réalisation du Soi. Réaliser le Soi signifie avoir l'expérience que notre véritable Soi et Dieu sont une seule et même chose. Cette réalisation est le succès authentique. Toutes les autres

---

[1] Ancien nom désignant l'hindouisme, « *Sanatana Dharma* » signifie "le chemin éternel de la vie".

formes de succès ou de réussite nous seront arrachées au moment de la mort. Par contre, l'expérience personnelle du Soi ne peut être affectée par rien, pas même par la mort. Exactement comme le courant électrique n'est pas affecté lorsqu'une ampoule grille, la mort du corps physique n'affecte en rien l'*Atman*, qui prend un nouveau corps physique et continue à accueillir les expériences d'une nouvelle incarnation. Pour celui qui a réalisé le Soi, la mort n'est pas plus effrayante que le fait d'échanger de vieux vêtements pour un habit neuf.

Quand nous disons « moi », nous nous référons à notre corps physique et à notre personnalité, ou notre ego. Nous ne connaissons pas l'*Atman* qui est notre véritable Soi, notre essence. L'*Atman* anime le corps. Tout comme un véhicule ne fonctionne que s'il y a de l'essence, le corps physique ne marche que grâce à la présence de l'*Atman*. Le Soi universel présent dans tous les êtres est aussi appelé Conscience Suprême, Dieu, ou tout simplement Vérité. Dans un monde où les noms et les formes ne cessent jamais de changer, seul l'*Atman* est immuable. Il est le substrat de toute la Création.

Celui qui connaît l'*Atman* est toujours dans le contentement. Totalement établi dans l'*Atman* ou le Soi, il voit son propre Soi partout et en chacun. C'est pourquoi il n'a jamais le sentiment d'avoir mieux ou moins bien réussi que quelqu'un d'autre. Quand il n'y a plus d'autre, à qui pourrait-on se comparer ? Quel autre but reste-t-il à atteindre ?

Il était une fois un roi vieillissant qui n'avait toujours pas d'enfant pour lui succéder sur le trône. Dans ce royaume existait une ancienne coutume selon laquelle, si le roi venait à mourir sans avoir d'enfant, un des éléphants royaux devait être envoyé en dehors du palais portant avec sa trompe une guirlande de fleurs. Et la personne, quelle qu'elle soit, à laquelle l'éléphant donnerait la guirlande, serait désignée comme l'héritier du roi.

Quand il apparut clairement que le roi allait mourir sans avoir d'enfant, un éléphant fut envoyé hors du palais avec une guirlande de fleurs, selon la coutume. L'éléphant plaça la guirlande autour du cou de la première personne qu'il rencontra. Il s'agissait d'un mendiant qui se trouvait sur le bord de la route. Terrifié par l'énorme éléphant, le pauvre homme s'enfuit à toutes jambes pour sauver sa vie. Les ministres du roi qui avaient vu se dérouler toute la scène, se jetèrent à sa poursuite et finirent par le rattraper. Ils expliquèrent au mendiant ahuri qu'il était destiné à être le futur roi et ils l'escortèrent jusqu'au palais.

Quelques années plus tard, le vieux roi mourut et l'ancien mendiant fut couronné roi à sa place. Malgré tout le luxe possible mis à sa disposition par les ministres, il garda ses vieux habits en lambeaux, son bol à aumônes et sa canne de marche dans un coffre en or qui se trouvait dans sa chambre à coucher. Après avoir régné plusieurs années, il eut envie de retourner à son ancienne vie, juste pour une journée, pour voir quel effet cela lui ferait. Au milieu de la nuit, il ouvrit le coffre en or, enfila ses guenilles, prit son bol, son bâton, et quitta secrètement le palais.

Dans les vêtements du mendiant qu'il avait été autrefois, le roi partit demander l'aumône. À mesure que la journée s'avançait, il rencontra des gens pleins de compassion qui lui donnaient quelques pièces, tandis que d'autres lui parlaient durement et le traitaient avec mépris. Le roi fut surpris de voir qu'il n'était pas troublé par la façon dont les gens se comportaient avec lui. Autrefois, quand il était un vrai mendiant, il se sentait très heureux quand on lui offrait quelque chose et il bouillait d'une rage qu'il n'osait pas manifester lorsqu'on l'insultait ou qu'on le méprisait. Or voilà qu'à présent, quand il recevait de l'argent, il ne s'en réjouissait pas et quand il se faisait rabrouer, cela lui était égal.

Parce que le roi savait qu'en réalité il était le seigneur de tout le pays, la façon dont les gens se conduisaient avec lui ne lui faisait ni chaud ni froid. De même, les *mahatmas* (les Grandes Âmes, c'est-à-dire les êtres réalisés) ne sont troublés ni par les louanges ni par les critiques car ils savent qu'ils sont un avec Dieu.

Amma est l'exemple parfait de celle qui a atteint cet ultime succès. Elle n'a ni le désir ni le besoin d'atteindre ou de devenir autre chose que ce qu'elle est déjà. Elle est toujours dans le contentement du Soi. C'est pourquoi elle est capable de donner autant.

Même à quatre ou cinq ans, un âge où les enfants ordinaires pensent seulement à jouer, Amma aidait déjà les pauvres en leur donnant de la nourriture et des vêtements de chez elle. Pensez seulement à ce que nous faisions à cet âge-là. En ce qui me concerne, je peux dire que courais partout dans mes culottes courtes bien sales et que je créais des problèmes à ma mère. Or au même âge, Amma prenait déjà soin des vieillards et des malades négligés par leur propre famille.

La vie d'Amma nous montre aussi que l'idéal de la vie humaine peut être réalisé quelle que soit notre situation matérielle. Nous n'avons pas besoin de naître dans une famille royale comme *Krishna*, *Rama* ou Bouddha. Amma, elle, à tous les égards, est partie de zéro. Elle est née dans une famille pauvre, dans un village isolé et sous-développé. Nous sommes pour la plupart, beaucoup plus privilégiés sur le plan matériel. Nos biens matériels peuvent nous contenter pendant un certain temps. (C'est une des raisons pour lesquelles nous n'avons pas un désir ardent de réaliser le Soi.) Cependant ce contentement peut être remis en cause à tout moment parce qu'il ne jaillit pas de l'intérieur. L'absence de symptômes ne signifie pas forcément que nous sommes à l'abri de toute maladie. Mais le bonheur que nous obtenons en réalisant le Soi ne sera jamais menacé par aucune circonstance extérieure.

Encore aujourd'hui, le bonheur et le contentement d'Amma ne dépendent pas des autres, ils viennent de l'intérieur d'elle-même.

Il y a quelques années quand Amma se trouvait à New-Delhi, une réunion fut organisée avec le Président de l'Inde d'alors. Le festival annuel du temple *Brahmastanam* local se tenait à ce moment-là. Le *darshan* d'Amma devait commencer tous les jours à midi et durer jusqu'à tard dans la nuit avec seulement une pause de deux à trois heures en fin d'après-midi. Au milieu de ce programme chargé, un rendez-vous avec le Président fut fixé à neuf heures du matin. La nuit précédant le rendez-vous, son secrétaire appela les organisateurs locaux pour les informer que le Président avait du repousser le rendez-vous à midi et demandait si Amma pouvait venir à ce moment-là.

Lorsqu'on apporta cette nouvelle à Amma, elle répondit qu'il lui serait impossible de venir à cette heure-là. Des milliers de ses enfants attendaient à New-Delhi son *darshan*. Comment pourrait-elle les laisser attendre ? À la demande d'Amma, le rendez-vous fut donc annulé.

Combien d'entre nous laisserions passer l'occasion d'un rendez-vous avec le Président de notre pays ? Ce serait un tel honneur, une telle chance de nous faire de la publicité et des bonnes relations, que pour rien au monde, nous ne voudrions y renoncer. Par cet incident, Amma prouve qu'elle n'a besoin d'être reconnue par personne.

Des gens issus de tous les milieux sociaux qui ont réussi dans leur domaine respectif recherchent cependant les conseils et les bénédictions d'Amma. Malgré leur soi-disant succès, ils souhaitent encore quelque chose en plus. Leur réussite extérieure ne leur a pas donné ce qu'ils désiraient vraiment : le contentement et la paix intérieure. Tant que nous désirons quelque chose d'autre ou quelque chose de plus que ce que nous avons déjà, nous ne pouvons pas estimer que nous avons réellement réussi. C'est seulement si nous réalisons notre véritable Soi, qui est omniscient, omnipotent et omniprésent que nous pouvons faire l'expérience de la plénitude et de la réussite authentiques.

Quand une mère possède quelque chose de précieux, elle veut le partager avec ses enfants. Elle ne le garde pas pour elle-même. S'il nous reste de quoi manger et que nous sommes rassasiés, qu'allons-nous faire de ce surplus de nourriture ? Nous allons bien sûr l'offrir aux autres.

C'est exactement ce que fait Amma. Elle est toujours dans le contentement et la plénitude du Soi. Tout ce qu'elle fait naît de cette plénitude, alors que toutes nos actions viennent de la sensation qu'il nous manque quelque chose. Amma sait qu'en vérité, rien ne nous manque. Nous n'avons pas besoin d'atteindre la prospérité, le pouvoir, ni la célébrité pour réussir. Si nous pouvons nous délivrer de l'ignorance concernant notre véritable Soi, nous faisons l'expérience d'un contentement parfait et d'une béatitude totale, quelles que soient notre situation et les circonstances de notre vie.

# Chapitre 2

# *Qu'est-ce qui est vraiment réel ?*

Lorsque nous regardons les vagues de l'océan, nous en découvrons toute une variété : petites vagues, grosses vagues, vagues douces et vagues fortes. À cause de notre perception limitée, nous voyons chaque vague comme une entité distincte. Quand les mahatmas regardent l'océan, ils ne voient pas de différence entre les vagues, ni même entre les vagues et l'océan. C'est que, en essence, les vagues et l'océan sont un, une seule et même eau.

De même, Amma dit : « Il n'y a pas de différence entre le Créateur et la Création. De même qu'il n'existe pas de différence entre l'or et les bijoux en or (parce que l'or est le substrat de toutes sortes de bijoux en or), il n'y a pas de différence entre le Créateur (Dieu) et le créé (le monde). Ils sont essentiellement un, la même pure conscience. »

Notre perception de la réalité est toute relative. Nous disons qu'un mets délicieux est « divin » Ou bien nous parlons d'une crème glacée « paradisiaque ». En vérité, nous ignorons tout du divin et du paradis.

Un jour, un escargot a été roué de coups par deux tortues. La police est arrivée sur les lieux et a interrogé le pauvre escargot (qui était couvert de bleus) : « Pouvez-vous décrire vos agresseurs ? » L'escargot a répondu : « Comment aurais-je pu les voir ? Tout est arrivé si vite ! »

De notre point de vue, une tortue semble se déplacer très lentement, mais pour un escargot, la tortue est rapide comme l'éclair. De même, notre perspective actuelle est limitée et nous ne devrions pas la considérer comme la Vérité absolue.

Vous connaissez peut-être le sage appelé Ashtavakra. En sanscrit, *ashta vakra* signifie « huit courbes ». On lui avait donné ce nom car il avait le corps tordu en huit endroits différents. Malgré cette déformation, Ashtavakra devint, dès son plus jeune âge, un grand sage. Son père aussi était un savant renommé. Un jour, le roi invita les meilleurs lettrés du pays à venir au palais pour un débat sur les Écritures. Celui qui gagnerait, recevrait mille vaches aux cornes incrustées d'or fin et de pierres précieuses.

Le débat commença le matin et se poursuivit toute la journée. Comme la nuit tombait, Ashtavakra reçut un message l'avertissant que son père qui avait jusque là défait tous les autres concurrents, était maintenant sur le point de perdre. Dès qu'il apprit la nouvelle, Ashtavakra, qui était alors âgé de douze ans, se rendit à la cour pour voir s'il pouvait aider son père.

Il arriva au palais alors que le débat atteignait sa phase la plus critique. À ce point, la défaite de son père semblait inévitable. Lorsque les savants et le roi virent Ashtavakra entrer dans la salle, tous, excepté son père, éclatèrent de rire au spectacle de son corps déformé et de la façon bizarre dont il se déplaçait. Ashtavakra lui aussi se mit à rire aux éclats. Tout le monde fut très surpris, y compris le roi qui demanda : « Mon cher garçon, pourquoi ris-tu alors que tout le monde se moque de toi ? »

« Je ris parce que la Vérité est débattue ici par une assemblée de cordonniers », répondit calmement Ashtavakra.

Sachant qu'il avait réuni les érudits les plus renommés du pays, le roi voulut des éclaircissements : « Que veux-tu dire par là ? »

Ashtavakra expliqua : « En voyant mon corps déformé, ils rient. Ils ne me voient pas. Ils ne me jugent que par ma peau. C'est pourquoi je suppose que ce sont des artistes du cuir et des fabricants de chaussures. Mon corps est déformé mais pas moi.

Regardez sous la surface, mon véritable Soi n'est pas tordu, il est pur et droit. »

Toute la cour fut abasourdie par la réponse d'Ashtavakra. Le roi savait que l'adolescent disait la Vérité. Le débat n'avait été qu'une comédie grotesque. Ceux qui avaient débattu de la Vérité étaient incapables de la voir. Le roi se sentit coupable de s'être lui-aussi moqué de l'apparence d'Ashtavakra. Il remit le prix au jeune garçon et le débat fut suspendu. Le roi passa la nuit suivante à méditer les paroles du jeune sage.

Au matin, le carrosse du roi dépassa Ashtavakra sur la route. Le roi descendit aussitôt de son attelage, se prosterna aux pieds de l'adolescent et le supplia de le guider jusqu'à la réalisation du Soi. La veille, le roi s'était adressé à Ashtavakra comme à un garçon ordinaire, mais ce jour-là, comprenant la grandeur du jeune sage, le roi s'adressa à lui comme à son maître spirituel ou gourou[2].

Le roi comprit que même si sa Cour était remplie d'érudits, ceux-ci ne saisissaient qu'une vérité relative. Ils ne pouvaient voir que le corps physique d'Ashtavakra, alors que l'adolescent était capable de voir en chacun d'eux le Soi Suprême, la Vérité absolue.

Le compte-rendu du dialogue qui suivit entre le roi Janaka et Ashtavakra est appelé *l'Ashtavakra Gita*. Le maître spirituel explique :

**sukhe duḥkhe narē-naryām sampatsu ca vipatsu ca**
**viṣeṣō'naiva dhīrasya sarvatra samadarṣinaḥ**

---

[2] Récemment l'usage du mot gourou s'est considérablement élargi jusqu'à simplement désigner un bon enseignant dans sa discipline. Dans ce livre, le mot gourou est utilisé dans son sens premier qui traditionnellement signifie : " Celui qui est établi en *Brahman* ou dans la Vérité Suprême et qui guide les autres jusqu'à l'expérience de Cela."

*Pour celui qui est sage et considère toutes choses comme
égales, il n'y a pas de différence entre le plaisir et la peine,
l'homme et la femme, le succès et l'échec.* (17.15)

Si nous savons reconnaître l'or, nous voyons que tous les
ornements en or sont de l'or sous différentes formes. De même,
si nous connaissons notre vrai Soi, nous voyons que tout dans la
Création est le Soi sous différentes formes. Notre problème, c'est
que nous essayons de tout comprendre, sauf notre propre Soi.
Les *mahatmas* comme Amma voient le même *Atman* partout.
Ils ne font pas de différence entre ami et ennemi, riche et pauvre,
entre ceux qui leur témoignent de la sympathie ou de la cruauté.

Récemment, un homme affligé d'une terrible maladie de peau
est venu au *darshan* d'Amma quand elle donnait un programme
à Madras. Son apparence était si répugnante que chacun l'évitait
sur son passage. En voyant sa condition physique, les responsables
de la queue du *darshan* ont eu pitié de lui et l'ont autorisé à aller
tout droit à Amma, sans avoir à attendre dans la queue. Amma
n'a pas été incommodée par son aspect. Elle l'a pris dans ses bras
et l'a caressé comme s'il avait été son propre fils. Elle l'a interrogé sur sa santé et ses conditions de vie. Les larmes aux yeux,
il a expliqué qu'il n'avait nulle part où aller. Pendant plusieurs
années, il avait vainement tenté de se faire aider par différentes
organisations gouvernementales. Après avoir écouté l'histoire des
problèmes du malade, Amma a appelé le *brahmachari* (disciple
moine) responsable de son ashram de Madras et lui a demandé
de construire immédiatement une maison pour cet homme dans
le cadre du projet de l'ashram offrant gratuitement des logements
aux sans-abri. Puis elle a invité le malade à s'asseoir à côté d'elle,
juste au milieu des dignitaires locaux venus au *darshan*. Assis tout
près d'Amma, il a continué à pleurer de plus belle, mais il versait
maintenant des larmes de joie. Cet homme qui avait été méprisé

et délaissé toute sa vie, a réalisé qu'aux yeux d'Amma, les notables et lui avaient la même importance.

Un jour, après qu'Amma ait donné le *darshan* pendant plusieurs heures, je lui ai demandé : « Comment se fait-il que tu n'as pas l'air épuisée après avoir embrassé des milliers de gens ? Comment arrives-tu à faire ça, jour après jour ? »

Amma a simplement répondu d'un air insouciant : « Mais je ne fais rien.» Alors je me suis souvenu d'une phrase dans le *bhajan* (chant dévotionnel) intitulé « *Amme Bhagavati* », qu'elle a écrit il y a de nombreuses années :

**Tan onnum cheyyadhe sarvam chaithidunna**
**Dina dayalo thozhunnen nine**

*Sans rien faire, Tu fais tout,*
*Ô incarnation de la bonté, je me prosterne devant Toi.*

Quand Amma a répondu à ma question, c'était au niveau de *l'Atman*. Quand elle a dit « Je », elle se référait, non pas au corps, mais à *l'Atman* ou véritable Soi.

Il y a un verset intéressant dans la *Bhagavad Gita* qui dit :

**karmaṇy akarma yaḥ paśyed akarmaṇi ca karma**
**yaḥ**
**sa buddhimān manuṣyeṣu sa yuktaḥ kṛtstna-karma-**
**kṛt**

*Celui qui reconnaît l'inaction dans l'action et l'action dans l'inaction est sage parmi les êtres humains.*
*Cette personne est un yogi qui accomplit véritablement toutes les actions.*                (4.18)

Bien qu'Amma soit très active, elle sait que son véritable Soi ne fait rien du tout. C'est cela voir l'inaction dans l'action. Dans notre cas, même si nous restons assis immobiles, les pensées continuent à surgir dans notre mental. Même pour nous asseoir tranquillement, nous devons faire un effort conscient, et cet effort est une action. Superficiellement il semble que nous n'agissons pas, mais à différents niveaux, nous continuons à agir. C'est l'action dans l'inaction. Ainsi, les *mahatmas* voient l'inaction dans leur action et l'action dans notre inaction.

Le Tao Te King dit ceci du maître spirituel :

> *Les choses surgissent et il les laisse venir,*
> *les choses disparaissent et il les laisse partir.*
> *Il a mais ne possède pas,*
> *Il agit mais n'attend rien.*
> *Quand son travail est fini, il l'oublie.*
> *C'est pourquoi il dure éternellement.*

# Chapitre 3

## *Choix et présence consciente*

Amma raconte l'histoire suivante : « Un Indien part voir son fils qui vit et travaille aux États-Unis. Quand il arrive, sa belle-fille l'accueille avec beaucoup d'affection et de respect. Elle lui demande s'il désire une tasse de thé. Il accepte. Elle lui fait alors préciser quel genre de thé il aimerait : « Nous avons du thé noir, du thé vert, du thé rouge, de la camomille, de la menthe et du thé chinois en poudre. »

« Simplement une tasse de thé ordinaire » répond en haussant les épaules l'homme qui arrive de l'Inde. Il n'a jamais entendu parler de tous ces thés différents. Quelques instants plus tard, elle surgit dans le salon et lui dit : « J'ai oublié de vous demander si vous souhaitez du lait dans votre thé. »

« Oui, volontiers » acquiesce le père de son mari. « Bon, alors, poursuit-elle, quel genre de lait préférez-vous ? Nous avons du lait entier, du lait avec deux pour cent de matière grasse, du lait écrémé, du lait de soja, du lait de céréales, et du lait en poudre. »

« Du lait ordinaire, s'il vous plaît. » Le beau-père commence à perdre patience. Il ne s'est jamais rendu compte qu'une tasse de thé puisse être une chose si compliquée. La belle-fille quitte de nouveau la pièce. Mais à peine disparue, elle fait demi-tour et lui dit : « Oh j'ai failli oublier ! Est-ce que vous prenez du sucre ?

— Bien-sûr ! s'exclame le beau-père.

— Bon, je l'apporte tout de suite. Mais quel genre de sucre souhaitez-vous ? Nous avons du sucre blanc, du sucre roux, du sucre complet et des sucrettes.

À cette dernière question, le beau-père explose : « Oh Seigneur ! Pourquoi dois-je répondre à tant de questions juste pour boire une tasse de thé ? Mon Dieu, je n'ai même plus envie de thé. Pourriez-vous simplement m'apporter un verre d'eau ? »

Sans perdre son enthousiasme la belle-fille lui demande en souriant : « Mais bien sûr, quel genre d'eau buvez-vous ? De l'eau minérale, de l'eau gazeuse, de l'eau vitaminée ou du soda ? » N'y tenant plus, le beau-père se lève, passe en courant devant sa belle-fille jusqu'à la cuisine et se sert un verre d'eau au robinet.

Dans le monde moderne, que de choix nous avons pour boire une simple tasse de thé ! Et il en est de même pour à peu près tout dans notre vie. Nous pouvons devenir médecin, ingénieur, mécanicien, informaticien ou même moine. Nous pouvons acheter une maison avec une ou quatre chambres ou encore un petit studio. Nous pouvons acheter une voiture de sport, un break ou une moto. Mais qu'une crise ou un échec surviennent, nous ne voyons plus qu'une seule option : nous affliger.

En réalité, même face à une épreuve, nous avons le choix. Lorsque nous traversons une expérience douloureuse, nous pouvons choisir de penser que nous épuisons une partie de notre *prarabdha*[3] négatif ou qu'une précieuse leçon sur la nature du monde nous est offerte. Nous pouvons aussi nous dire que ce qui arrive est la volonté divine. L'une ou l'autre de ces attitudes nous aide à accepter avec équanimité les expériences difficiles. Cependant à cause du conditionnement mental acquis au cours d'expériences

---

[3] *Prarabdha* désigne la somme totale des expériences résultant de nos actions passées que nous sommes destinés à rencontrer dans cette vie. En Occident, le *prarabdha* est souvent appelé « *karma* ». Toutefois, le sens littéral du mot sanscrit « *karrma* » est « action », comme dans « *karma* yoga » ou la voie de l'action. Pour éviter toute confusion et respecter le sanscrit, cet ouvrage utilise le mot « *prarabdha* » là où ordinairement on dit « *karrma* », et le mot « *karrma* » selon sa définition littérale traditionnelle.

passées, la plupart d'entre nous sont incapables de maintenir un mental positif dans une situation difficile.

Nous avons besoin de maîtriser les mécanismes et les réactions automatiques du mental, et de nous entraîner à répondre et à agir consciemment. Nous devons cultiver une présence consciente. Personne ne souhaite être triste, mais il nous arrive à tous d'avoir parfois le « cafard ». Personne ne veut se mettre en colère, mais nous perdons tous notre sang-froid. Cela signifie qu'il y a un écart entre ce que nous voudrions être et ce que nous sommes. En cultivant une présence consciente et en apprenant à accueillir ce qui arrive au lieu de réagir instinctivement, nous pouvons combler cet écart.

À cause de la nature mécanique du mental, nous faisons souvent des erreurs. Nous ne sommes pas capables d'évaluer correctement nos propres paroles et actions, ni celles des autres. Si quelqu'un fait notre éloge, nous trouvons cette personne extrêmement sympathique. Si plus tard, la même personne nous critique, nous sommes bouleversés ou fâchés contre elle. Lors d'un conflit, nous ne prenons pas le temps de réfléchir s'il est nécessaire de réagir par la colère. À un moment donné nous sommes calmes, et l'instant d'après, si on nous fait un reproche, nous nous mettons immédiatement à crier. C'est seulement plus tard que nous regrettons d'avoir perdu notre sang-froid.

Lorsque nous entraînons le mental à agir et à parler consciemment, nous comprenons que même si la vie ne nous offre pas ce que nous souhaitons, nous avons le choix de réagir autrement que par la colère ou la frustration. Par exemple, si nous repérons le premier signe interne que nous donne la colère avant de se manifester, nous saurons repérer quand elle arrive. Cela nous donne le choix : nous pouvons nous éloigner de la situation qui nous agace, ou si nous y restons, nous pouvons décider de l'intensité de la colère que nous allons exprimer. Dans ce genre de circonstances, il est bon de se souvenir du proverbe : « Si c'est par la rage que tu t'es laissé emporter, prépare-toi à atterrir brutalement. »

Quand nous regardons la vie d'Amma, nous constatons que sa présence consciente lui a donné la capacité de répondre différemment à des circonstances dans lesquelles la plupart d'entre nous auraient sombré dans le désespoir. Ses parents ne l'aimaient pas, mais au lieu de se prendre en pitié, Amma pensait : « Pourquoi devrais-je chercher à recevoir de l'amour ? Je ferais mieux de donner de l'amour aux autres. » Quand sa famille ou ses voisins la maltraitaient et la critiquaient, au lieu de ruminer sur la façon dont ils se conduisaient avec elle, Amma tournait toutes ses pensées vers Dieu.

La spiritualité est la technique qui élève notre niveau de présence consciente. Méditer, chanter son mantra, essayer de suivre les principes spirituels dans notre vie quotidienne, tout cela nous aide à intensifier notre présence consciente. Si nous devenons plus présents et plus conscients, nous pouvons surmonter les obstacles qui nous empêchent de réaliser le véritable Soi.

# Chapitre 4

# *Se dévouer au Dharma*

U n concept important dans la spiritualité orientale est celui de « dharma ». Le mot dharma a une signification large et profonde. Pour simplifier, il veut dire à la fois droiture et devoir. Il signifie aussi, faire l'action juste, à l'endroit juste, au moment juste.

Pour pouvoir respecter le dharma, nous avons besoin de comprendre en profondeur la nature de la vie et des gens. Dans une situation de crise ou de défi, beaucoup oublient le dharma ou font des compromis avec leurs valeurs. Bien que de nombreuses difficultés se soient présentées dans sa vie, nous constatons qu'Amma ne s'est jamais éloignée, pas même d'un cheveu, de la voie du dharma.

Je me souviens d'un incident récent qui illustre le respect d'Amma pour le dharma. En mars 2002, quand des émeutes entre différentes communautés ont éclaté au Goujarat, Amma était à Mumbai. Elle avait prévu de partir pour le Bhuj, la région dévastée par le tremblement de terre, dans la partie occidentale du Goujarat, afin d'inaugurer les trois villages que l'ashram avait reconstruits. Mais pour se rendre là-bas, il fallait traverser des endroits où la violence faisait rage. Même si l'inauguration des villages était un événement important, beaucoup de gens ont essayé de dissuader Amma de partir. L'un après l'autre, ils l'ont approchée et suppliée de ne pas quitter Mumbai, certains parce qu'ils avaient peur pour eux-mêmes et d'autres parce qu'ils se faisaient du souci pour elle. Ils disaient que le voyage, quel que soit le moyen de transport utilisé, train ou bus, serait dangereux pour elle et son entourage. Comme Amma était l'invitée d'honneur de l'État, des employés du service secret du gouvernement communiquaient les informations les plus récentes concernant les risques encourus. Eux-aussi ont découragé Amma d'entreprendre le voyage. Et elle savait que, pour des raisons de sécurité, le gouverneur et les membres du cabinet qui devaient participer à l'inauguration, pouvaient renoncer à y aller.

Mais elle a mis fin à toutes les demandes en annonçant : « J'ai décidé d'y aller quoiqu'il arrive, et ceux qui ont peur de risquer leur vie n'ont pas besoin de venir. » Du coup, même les gens qui n'avaient pas prévu de partir ont décidé de l'accompagner.

Le programme a été un énorme succès et il n'y a eu aucun incident violent. Plus tard, Amma a expliqué que depuis longtemps les milliers de bénéficiaires du projet de logement étaient impatients de rencontrer Amma. Comme ils avaient tout perdu, ils n'avaient pas les moyens d'aller la voir où que ce soit. En outre, ils désiraient vivement qu'elle bénisse leur maison avant d'emménager. Voilà pourquoi Amma tenait tellement à leur rendre visite.

Amma dit toujours que l'incarnation dans un corps humain est obtenue grâce aux mérites acquis par nos bonnes actions lors de nos vies précédentes. Certes, nous ne pouvons pas choisir le lieu ni les circonstances de notre naissance, ni nos parents, ni l'apparence de notre corps : beau ou laid, petit ou grand. Cependant, nous pouvons choisir d'être bon. Il nous appartient de nous assurer que la bénédiction que Dieu nous a donnée ne se transforme pas en malédiction pour nous et pour le monde. Et pour cela, nous avons besoin de faire un usage juste de notre vie.

Nous avons tous beaucoup de responsabilités, de fardeaux et d'engagements. Nous avons besoin d'être très forts émotionnellement et spirituellement pour vivre de façon juste. Il y a beaucoup de situations dans lesquelles nous pouvons être tentés de renoncer au dharma et de faire des compromis avec nos valeurs. Accomplir des actes *adharmiques* (non justes), peut sembler commode sur le moment, mais à long terme, cela aura certainement des conséquences désagréables pour nous comme pour les autres.

Par contre, si nous respectons le dharma, nous construisons les fondations d'une vie riche et satisfaisante. Non seulement ce genre de vie est très bénéfique pour le monde, mais elle nous aide également à devenir dignes de recevoir la grâce divine, qui est le facteur le plus décisif pour réussir matériellement et spirituellement.

# Chapitre 5

# *Action de l'être réalisé*

Nous agissons parfois de manière juste, parfois de manière injuste. Quand nous agissons avec droiture, naturellement nous en tirons quelque fierté et nous nous en attribuons tout le mérite. Par contre, quand nous commettons une erreur, nous avons tendance à en blâmer les autres. Quand nous sommes en relation avec autrui, quand nous prenons une décision ou accomplissons une action, nous ne prenons généralement en compte que les informations et les données superficielles qui sont à notre disposition. Si bien que même ce qui nous semble être l'action juste à un moment donné, peut, après tout, ne pas l'être, du point de vue de l'absolu.

Mais il existe un type d'action au-delà du bien et du mal qui débouche toujours sur le bien ultime. C'est ce qu'on appelle l'action pleinement consciente. Seul un être réalisé est capable d'agir ainsi. Quand un véritable gourou entre en relation avec les gens, il connaît leurs *vasanas* (tendances) les plus subtiles, leur *prarabdha* et bien d'autres facteurs encore. Alors que nous ne pouvons percevoir que les actions visibles des uns et des autres et nous ne sommes pas sûrs de savoir ce qu'ils pensent ni ce qu'ils ressentent à ce moment-là, un véritable maître spirituel est pleinement conscient du passé, du présent et du futur de ceux qu'il rencontre. Cette conscience permet au maître d'agir de la manière la plus bénéfique possible pour l'individu concerné.

Je me souviens d'un incident qui s'est produit il y a plusieurs années. Un homme ivre est entré dans l'ashram et a commencé à chercher querelle aux *brahmacharis* sans raison. Lorsque nous avons essayé de l'apaiser et de l'escorter jusqu'à la sortie, il s'est mis à nous insulter. Comme, malgré tous nos efforts, non seulement il ne se calmait pas, mais il devenait de plus en plus désagréable, nous avons décidé d'appeler la police. Avant de prendre cette décision finale, nous sommes allés trouver Amma pour lui décrire la situation. Après avoir écouté nos explications, elle est partie le voir. Entre-temps, il avait vomi à plusieurs reprises et n'était plus qu'à moitié conscient. Une odeur infecte de vomi et d'alcool flottait autour de lui. Amma, les yeux pleins de compassion, l'a interpellé affectueusement : « Oh mon fils, que t'arrive-t-il ? Est-ce que ça va ? » L'homme a levé les yeux vers Amma, l'a dévisagée avec un regard vide et marmotté quelques mots. Il était dans l'incapacité de répondre.

Certains parmi les témoins de la scène se demandaient : « Pourquoi Amma perd-elle son temps précieux avec cette épave ? Ce gars mériterait plutôt une bonne raclée. » Quelqu'un a même proposé à Amma : « Amma, s'il te plaît, rentre dans ta chambre. Nous allons nous occuper de lui. »

Mais elle n'y a prêté aucune attention. Avec de l'eau, elle a lavé le visage de l'homme ivre qui résistait légèrement et essuyé le vomi de ses vêtements. Elle a pris un tuyau d'arrosage et lui a fait couler de l'eau sur la tête pour le dessoûler. Puis elle l'a emmené dans une pièce voisine et l'a fait s'allonger sur un matelas.

Le lendemain matin, ayant cuvé son vin, il avait changé d'humeur. Quand il a appris comment Amma avait pris soin de lui si affectueusement, il a été profondément touché par sa compassion et il s'est mis à pleurer de remords. Ce soir-là, il est rentré chez lui. Quelques semaines plus tard, il est revenu avec sa femme. Pendant leur *darshan*, celle-ci a dit à travers ses larmes : « Amma, vous l'avez complètement transformé. Mes enfants et moi étions sur le point de nous suicider à cause de son comportement. Son alcoolisme nous a couverts de dettes, et il rentrait ivre tous les jours et nous battait. Maintenant il a complètement arrêté de boire et il a même trouvé un bon travail. Par votre grâce, non seulement mon mari, mais toute la famille est sauvée ! »

Si les *brahmacharis* avaient emmené cet homme au commissariat, ce qui semblait se justifier sur le moment, non seulement il aurait été en prison où il aurait souffert davantage encore, mais sa famille aussi aurait souffert terriblement. Peut-être se seraient-ils suicidés. Ainsi, l'action « juste » de notre point de vue aurait pu coûter la vie à plusieurs personnes.

Parfois, nos soi-disant « actions justes » peuvent se comparer à celle du singe essayant de sortir un poisson de l'aquarium pour l'empêcher de se noyer. Comme lui, nous ne voyons les choses qu'avec notre compréhension limitée et nous nous méprenons sur le bien ultime.

Mais Amma, avec sa profonde intuition, a perçu quelle solution était la meilleure pour cet ivrogne. Elle ne s'est pas contentée de considérer une situation particulière, mais aussi le futur de cet homme, celui de sa famille, et la chaîne de conséquences qui aurait pu se dérouler à partir de l'action des *brahmacharis*. L'action d'un être réalisé peut sembler inadéquate sur le moment. C'est seulement plus tard que nous comprenons que c'était l'action parfaitement adaptée à la situation.

Quand Amma était à Bonn, en Allemagne, il y a environ cinq ans, un dévot qui faisait la queue pour lui poser une question, m'a tendu sa note écrite. Il y expliquait qu'il avait beaucoup de problèmes financiers, dont des dettes, et qu'il avait même perdu son travail. Il voulait qu'Amma l'aide à subvenir aux besoins de sa femme et de ses deux petits garçons. Sa deuxième prière était qu'il voulait avoir une petite fille.

« Quelle sottise, ai-je pensé. Comment pourra-t-il prendre soin d'un autre enfant alors qu'il n'arrive déjà pas à nourrir correctement son épouse et ses deux fils ? C'est évident qu'il ne doit pas avoir d'autre enfant. Ce n'est pas la peine de traduire cette lettre à Amma. Il n'est pas nécessaire de recourir à un maître spirituel comme Amma pour lui prouver que son projet ne tient pas debout. Je peux le faire tout seul ! » Fort de ces pensées, je me suis mis à lui expliquer mon point de vue sur la situation.

Alors que j'étais en train de lui parler, j'ai senti quelqu'un qui me tapotait sur l'épaule. Les gens essaient souvent d'attirer notre attention lorsque nous traduisons pour Amma. J'ai ignoré cette tentative d'interruption parce que je n'avais pas encore fini d'éclairer mon interlocuteur. La personne a alors insisté : le tapotement s'est fait plus fort et plus rapide. Je me suis demandé qui avait le toupet de déranger un swami confirmé en pleine conversation. Je me suis retourné et j'ai vu, avec un profond embarras, que c'était Amma.

Elle voulait savoir : « Quel est le problème ? »

— Oh rien, Amma. J'étais juste en train de répondre à sa question.

— À qui a-t-il posé la question ? a demandé Amma.

— Ben, la question était pour Amma, mais…heu…

— Mais quoi ? Pourquoi est-ce que tu réponds alors ? »

Maladroitement j'ai tenté de me justifier : « Ben, tu sais, je, heu… J'ai seulement, heu…sans raison spéciale, Amma. De toute façon, c'était une question stupide. »

Amma n'a pas eu l'air très impressionnée par mes explications. Elle m'a demandé de lui lire la question, puis, sans aucune hésitation, a donné sa réponse : « Dis-lui qu'Amma va faire un *sankalpa* (résolution divine) pour qu'il puisse avoir une petite fille. » J'avais mes propres doutes et réserves et je me demandais si c'était la chose convenable à lui dire, mais j'ai traduit la réponse d'Amma sous peine de perdre mon poste de traducteur. L'homme était heureux, mais pas moi. Un doute subsistait dans ma tête à propos de la réponse d'Amma, si bien que plus tard, je l'ai interrogée à ce sujet.

Amma m'a expliqué : « Dans son cœur, il souffre plus de ne pas avoir une petite fille que de ses problèmes financiers. S'il n'arrive pas à avoir une petite fille, il va tomber dans la dépression et risque d'attenter à ses jours. »

Les deux années suivantes, le programme d'Amma à Bonn a été organisé à un endroit différent et cet homme n'est pas venu. Cependant, la troisième année, nous sommes retournés dans l'ancien hall et cet homme est arrivé avec une petite fille dans les bras. Il avait l'air au comble de la joie et quand il s'est présenté au *darshan*, il a expliqué que la réponse d'Amma si affectueuse et rassurante lui avait donné comme un nouvel élan. Il était sorti de sa prison de désespoir l'esprit clair et il avait trouvé un bon travail qui lui avait permis de régler presque toutes ses dettes. La naissance de sa jolie petite fille avait ajouté à son bonheur.

Amma savait que le plus grand obstacle dans la vie de ce dévot était son désir profond d'avoir une petite fille, et que lorsque cela serait satisfait, tous les autres problèmes s'arrangeraient en temps voulu. En évaluant seulement les faits grossiers, tout le monde aurait probablement tiré la même conclusion que moi concernant le choix d'avoir un autre enfant. Mais Amma, qui pouvait lire chez cet homme les couches subconscientes du mental, lui a donné la réponse correspondant à son bien ultime.

Chaque fois qu'Amma dit quelque chose concernant le futur, cela s'avère toujours correct, même si, sur le moment, cela semble très improbable. Quelques semaines après avoir rencontré Amma, je suis allé la voir chez un dévot avec un de mes amis. Nous sommes arrivés légèrement en retard, et Amma avait déjà terminé la *pouja* (rituel). En entrant, nous avons vu les dévots en train de manger, assis autour d'Amma. Mon ami est resté un peu à l'écart et a refusé de s'approcher d'Amma. Il trouvait qu'Amma aurait dû attendre son arrivée avant de se mettre à manger, parce qu'il l'avait informée qu'il viendrait. Amma l'a appelé deux ou trois fois pour recevoir son *prasad*[4], mais il s'est obstiné à refuser. Amma lui a expliqué : « Mon fils, tu n'auras pas toujours l'opportunité de te trouver avec Amma. Dans quelques années, les gens du monde entier vont commencer à venir voir Amma et ce genre d'occasion deviendra très rare.» Quand mon ami a finalement accepté de s'approcher d'Amma, il a vu que contrairement à tous les autres dévots qui avaient déjà commencé à manger, Amma n'avait pas encore touché à son repas. En fait, elle avait même mis de côté deux assiettes pleines pour nous. Lorsque mon ami s'en est aperçu, il a regretté son erreur et a demandé pardon à Amma. Quelques années plus tard, il s'est rendu compte de la véracité des paroles d'Amma.

Selon les Écritures, les paroles et les actions d'un maître spirituel possèdent un pouvoir spécial, qui dépasse de beaucoup notre compréhension intellectuelle. C'est pourquoi tout jugement que nous portons sur eux ou sur leurs actions, est inévitablement faux.

L'histoire suivante illustre ce point : Deux éléphants aveugles n'arrivent pas à tomber d'accord sur l'apparence des humains. Ils décident donc de découvrir cela en en touchant un avec leurs pattes. Le premier éléphant « tâte » un humain avec sa patte et déclare : « Les humains sont plats.» L'autre éléphant, après avoir de la même façon « touché » un humain acquiesce à la conclusion de son camarade et le problème est résolu. De même que les éléphants n'ont pas la subtilité requise pour comprendre avec leurs pattes à quoi ressemble un humain, de même

---

[4] Toute chose que le maître spirituel a bénie est appelée « *prasad* ». Et tout ce qui est offert au maître spirituel ou à Dieu est sanctifié et devient donc aussi « *prasad* ».

le mental humain n'est pas assez subtil pour saisir les actions d'un maître spirituel.

Toutes les actions d'un véritable maître sont pleinement éclairées, un peu à la façon dont tous les objets fabriqués en santal sont imprégnés du parfum de ce bois précieux. Car les maîtres sont établis dans la Connaissance suprême. Quoi qu'ils fassent, c'est toujours pour le meilleur. Même si nous ne les comprenons pas, nous devons rester ouverts à leurs conseils et à la façon dont ils nous guident.

Dans la *Bhagavad Gita*, le Seigneur *Krishna* décrit la Connaissance suprême comme la chose la plus précieuse qu'un être humain puisse acquérir:

**rāja-vidyā rāja-guhyaṁ pavitram idam uttamam pratyakṣāvagamaṁ dharmyaṁ su-sukhaṁ kartum avyayam**

*C'est la plus haute des connaissances, le roi des secrets. Elle est suprêmement purifiante, on peut en faire l'expérience directement, et elle donne des résultats permanents. Elle est aussi très facile à mettre en pratique et elle est en accord avec le dharma.* (9.2)

Celui qui a réalisé la Connaissance suprême est toujours identifié à la Vérité. Aucune circonstance n'a le pouvoir de l'entraîner à souffrir d'une quelconque crise d'identité ni de le plonger dans des émotions ou des attachements. Amma est complètement identifiée à la Vérité suprême, à la source intarissable d'énergie et de béatitude. C'est pourquoi elle peut être assise des heures durant et cependant rester fraîche et manifester tant de puissance. Bien que les gens du monde entier viennent la voir avec les mêmes problèmes depuis trente ans, elle ne se lasse jamais de les écouter, de les réconforter, de leur donner des conseils et de les consoler.

La Vérité suprême est très précieuse. Il est tout aussi précieux de se trouver dans la compagnie de quelqu'un qui incarne cette Vérité. Soyons donc conscients de notre chance et reconnaissants de cette bénédiction de nous trouver en présence d'un grand maître comme Amma.

# Chapitre 6

# *La grandeur de l'humilité*

Amma dit : « Quelle que soit la puissance d'un cyclone, il ne peut rien faire au brin d'herbe, alors qu'il déracine des arbres gigantesques dont la cime s'élance fièrement vers le ciel. » Elle dit aussi : « Si nous portons le poids de l'ego, le vent de la grâce divine ne peut pas nous élever. »

L'humilité est très importante. Si nous avons une attitude humble, la grâce divine coulera en nous. Mais l'humilité est une qualité très rare dans la société moderne. Si nous avons fait quelque chose de spécial, pendant combien de temps allons-nous en parler à nos amis ? La première chose dont nous parlons est de notre propre grandeur. Certains se vantent même de leur humilité.

Si nous voulons savoir à quoi ressemble l'humilité authentique, nous n'avons pas à chercher bien loin, nous pouvons observer Amma. Elle qui a accompli tant de choses et qui est vénérée par des millions de personnes ne dit jamais : « Je suis importante. » Bien au contraire, son humilité lui fait dire : « Je ne sais rien. Je ne suis qu'une fille un peu folle. » Elle ne se vante jamais de sa grandeur, ce qui en est précisément le signe.

Comme vous le savez, Amma a personnellement consacré dix-sept temples en Inde et à l'étranger. Chaque fois qu'elle ouvre un nouveau temple, d'immenses foules de dévots se réunissent pour assister à la cérémonie. Amma consacre une statue à quatre faces dans le cœur du temple. Lors de la toute première consécration d'un temple *Brahmasthanam*, juste avant de poser la statue, Amma est sortie sur le seuil de chacune des quatre portes. Les mains jointes, elle a demandé à tous les dévots rassemblés là, leur bénédiction. En voyant cela, beaucoup parmi nous étaient en larmes. Voilà une sainte ayant béni des millions de gens, et pourtant si humble qu'elle priait pour recevoir notre bénédiction. Évidemment, elle n'en avait pas besoin. Elle demandait cela simplement pour nous rappeler l'importance de l'humilité.

Dans le Tao Té King, il est dit :

*Le maître est au-dessus des gens,*
*Et personne ne se sent opprimé.*
*Il devance les autres,*
*Et personne ne se sent manipulé.*
*Le monde entier lui est reconnaissant.*
*Parce qu'il n'entre en compétition avec personne,*
*Personne ne peut entrer en compétition avec lui.*

Dans son discours lors d'*Amritavarsham 50*, (la célébration du cinquantième anniversaire d'Amma), Yolanda King, fille de Martin Luther King, elle-même avocat de la Paix, a déclaré : « Ce que j'apprécie chez Amma, c'est qu'elle ne se contente pas de parler, elle agit conformément à ce qu'elle prêche. » Comme Yolanda King l'a fait remarquer avec tant d'éloquence, Amma met toujours en pratique ce qu'elle dit.

Pendant la tournée du Nord de l'Inde, en 2004, le programme à Durgapur a duré toute la nuit et s'est terminé à 6h30 du matin. À 10h, tout le monde avait fait sa toilette, s'était reposé et attendait près des bus qu'Amma sorte de sa chambre pour continuer le voyage jusqu'à notre dernière étape de Calcutta. Plusieurs *brahmacharis* se tenaient près de sa voiture car, comme ils sont souvent trop occupés durant le programme pour s'approcher d'Amma, c'est là une rare chance de la voir. Alors qu'ils se trouvaient là, un jeune homme s'est avancé auprès d'un *brahmachari* et a commencé à lui poser des questions sur Amma. Il n'était pas venu au *darshan* la veille car la longueur des files d'attente l'avait intimidé. Il était juste en train de demander ce qui faisait qu'Amma était spéciale, et pourquoi tant de gens désiraient la rencontrer et recevoir sa bénédiction, quand Amma est sortie de sa chambre. Le jeune homme s'est précipité vers elle. Elle l'a serré dans ses bras et l'a embrassé. Puis elle a donné le *darshan* à quelques dévots qui attendaient tout près. Ensuite, elle est rentrée dans sa voiture.

Cependant, elle n'est pas allée bien loin. La voiture n'a roulé que quelques centaines de mètres jusqu'au site qui avait servi la nuit précédente d'aire de repas et où plus de quinze mille personnes avaient été nourries gratuitement. Le programme avait eu lieu dans l'une des écoles primaires d'Amma *Amrita Vidyalayam*, sur le grand terrain où les enfants s'entraînent et font du sport. Ordinairement très propre, c'était ce matin-là un lieu immonde. Le sol était jonché d'assiettes en feuilles de tek cousues pleines de restes de repas. Les poubelles débordaient. Un énorme sac de pommes de terre pourries gisait renversé sur le côté.

La voiture se gara à côté de cette aire de repas. Amma en sortit dans son beau sari d'un blanc étincelant et commença à nettoyer et à mettre de l'ordre elle-même. Tous les *brahmacharis* et dévots présents ont couru pour essayer de la dissuader de faire cela. Après tout, elle avait travaillé plus dur que n'importe qui la nuit précédente, et un autre programme était prévu dès le lendemain matin. Ils savaient que sur la route de Calcutta, Amma allait s'arrêter pour passer un moment avec ceux qui voyageaient avec elle, et que ce soir-là, elle devait recevoir les organisateurs du programme et les dignitaires locaux. Pourquoi aurait-elle dû se charger de nettoyer ce terrain en plus ?

En première ligne de ceux qui protestaient se trouvaient les dévots qui avaient servi le repas la nuit précédente et le jeune homme qui venait de rencontrer Amma pour la première fois.

Le dévot qui avait été la veille responsable de la distribution de la nourriture demandait pardon : « S'il te plaît, ne fais pas cela. Je sais bien que j'aurais dû nettoyer ce terrain la nuit dernière. Je t'en prie Amma, continue ton voyage et laisse-moi nettoyer cet endroit. »

Elle l'a rassuré : « Amma ne te reproche rien. Quand Amma va s'en aller, tous ces *brahmacharis* et ces dévots vont partir aussi. Tant qu'Amma reste ici, tu disposes d'une armée de volontaires pour t'aider à tout remettre en ordre. C'est pourquoi Amma a décidé de rester pour aider à nettoyer. De cette façon, le travail sera fini rapidement. »

Amma s'avança vers le sac de pommes de terre pourries en déplorant : « Quel dommage d'avoir laissé pourrir tout ça quand il y a tant de gens qui ne peuvent même pas s'offrir une bouchée de nourriture pour apaiser leur faim. » Ensuite elle demanda qu'on amène une charrette en précisant : « Que personne parmi vous ne touche à ces pommes de terre ! Elles sont si pourries que vous pourriez attraper une grave infection. Il faut porter des gants pour pouvoir y toucher. » Mais quand la charrette fut arrivée, elle la chargea de pommes de terre pourries, les mains nues, à la consternation générale. Comme le jeune homme qui venait de rencontrer Amma se trouvait juste à côté d'elle, il essaya physiquement de l'empêcher de faire ce travail. Il protestait : « Amma, vous êtes le gourou. Vous ne devriez pas faire ce genre de choses. S'il vous plaît, laissez-moi plutôt m'en occuper. »

Mais Amma n'en démordait pas : elle seule devait toucher aux légumes pourris. Pendant ce temps, tous les *sannyasins*, les *brahmacharis* et les dévots parcouraient le terrain de long en large pour ramasser les assiettes végétales et les restes de repas. Puis Amma tria le contenu des poubelles pour en retirer tout le plastique. Mélangés aux déchets biodégradables se trouvait un grand nombre de sachets de lait. Elle en fit une pile séparée, en expliquant qu'ils pourraient être lavés et vendus, et l'argent ainsi récupéré utilisé pour nourrir les pauvres. Son sari, auparavant d'un blanc éclatant, était maintenant souillé de déchets verts et bruns et sentait la nourriture avariée. Pourtant, elle continuait à sourire, plus rayonnante que jamais.

En vingt minutes, le terrain de sports qui avait tout d'abord eu l'air d'une zone sinistrée, s'était métamorphosé et avait presque retrouvé toute sa fraîcheur. Elle remonta finalement dans sa voiture et donna la consigne à tout le monde, excepté les *brahmacharis*, de monter dans les bus pour reprendre la route. Aux *brahmacharis*, elle demanda de rester sur place pour s'assurer que tous les détritus seraient ramassés et le terrain soigneusement balayé.

Après son départ, le jeune homme qui venait de recevoir son *darshan* pour la première fois, a fait ce commentaire : « Je m'attendais à un gourou qui, du haut de son trône doré, donne des conseils. Jamais, même dans mes rêves les plus fous, je n'ai pensé que je verrais Amma nettoyer de la nourriture pourrie. Il y a tant de gens qui vivent dans des bidonvilles à Calcutta et dans tout l'état de l'Ouest du Bengale. Si les gens suivaient l'exemple d'Amma qui travaille pour les autres plutôt que de chercher à ce que les autres travaillent pour elle, je pense qu'il n'y aurait plus de pauvreté dans ce pays. J'ai vu tant d'hommes politiques faire des promesses vides. Maintenant j'ai rencontré quelqu'un qui agit de façon sensée et concrète. » La question du jeune homme : « Qu'est-ce qui fait qu'Amma est spéciale ? », semblait avoir trouvé une réponse. Le garçon s'attendait à voir un gourou. Mais c'est un *Satgourou* qu'il a trouvé. Un véritable maître spirituel enseigne toujours par l'exemple. Amma répète souvent que nous devrions être prêts à faire n'importe quel travail à n'importe quel moment. Si Amma n'avait pas mis en pratique cet enseignement, il aurait pu s'avérer difficile de respecter son conseil. Mais parce qu'ils l'ont vue montrer l'exemple et entraîner les autres en accomplissant les tâches les plus détestables aux moments les plus incommodes, nombre de dévots ont pu surmonter leurs attirances et leurs répulsions et faire le nécessaire pour servir ceux qui sont dans le besoin.

L'année précédente, durant la tournée du Nord de l'Inde en 2003, Amma s'est rendue dans son nouvel ashram à Bangalore dès la fin du programme de Mysore. Un vieux dévot s'est approché d'elle pour faire la *pada pouja* (cérémonie durant laquelle on lave les pieds du maître par amour et respect), et Amma lui a dit : « Mon fils, Amma n'a même pas encore pris un bain. Amma a quitté Mysore tout de suite à la fin du *darshan*. Il n'est donc pas approprié de faire la *pada pouja* maintenant. » Mais lisant la déception sur son visage, elle s'est laissée attendrir. Elle a dit : « L'amour brise toutes les règles ». Alors, les joues ruisselantes de larmes, le dévot a lavé les pieds d'Amma.

Après la *pada pouja*, Amma a commencé à grimper les escaliers menant à sa nouvelle chambre. Soudain, elle s'arrête. Son expression change à la vue de la véranda. Le sol en marbre brille, peut-être vient-il d'être astiqué. « Qui a construit ça ? » demande-t-elle. Le *brahmachari* responsable de la construction de l'ashram s'avance et se prosterne à ses pieds.

« Je n'ai besoin des prosternations de personne », dit-elle avec gravité.

— Amma, les dévots de Bangalore l'ont construit par amour pour toi, dit timidement le *brahmachari*.

La réponse est immédiate : — Suppose que, par amour, ils construisent un palais en or, est-ce que tu vas aussi les regarder faire tranquillement ? Amma sent que ses enfants ne sont pas séparés d'elle. Bien qu'ils aient construit cette chambre avec leur argent, Amma se sent mal à l'aise à l'idée qu'ils ont fait, rien que pour elle, une telle dépense. Je suis née parmi de simples pêcheurs et j'ai vécu modestement dans mon enfance. Plus tard, quand on m'a dit de quitter la maison, je suis restée dehors. J'ai médité sous le soleil brûlant et sous de violentes averses. Je ne suis pas habituée à vivre dans le luxe et je n'en ai pas envie. Il n'est pas correct, pour moi qui recommande la simplicité, de vivre dans une chambre si luxueuse. En plus, je ne passe guère plus de trois jours par an ici. Il n'est pas justifié de dépenser une somme pareille pour un ashram.» Ses paroles avaient le tranchant de flèches acérées.

Le *brahmachari* a tenté d'expliquer à Amma que le sol n'était pas aussi coûteux qu'il paraissait, mais elle n'a guère prêté attention à ses paroles. Elle dormirait plutôt dehors que de rester dans cette chambre. Swami Amritaswarupananda proposa alors : « Si Amma ne souhaite pas rester dans la nouvelle pièce, elle peut utiliser son ancienne chambre qui a un sol en ciment.» Elle se laissa convaincre et se rendit dans la pièce qu'elle avait occupée l'année précédente.

Les dévots, qui n'avaient jamais vu Amma dans une humeur pareille, étaient déconcertés. Certains se sentaient coupables car ils avaient participé à la construction de la nouvelle pièce. D'autres étaient bouleversés ou en larmes. Mais tous étaient émerveillés de son intégrité et de son humilité.

« Pourquoi Amma refuse-t-elle le cadeau que nous lui offrons par amour ? se demandaient-ils. Est-ce mal de vouloir donner le meilleur à notre gourou ? Après tout, elle mérite le meilleur. Pourquoi Amma n'accepterait-elle pas cette chambre ? Des millions de gens dans le monde entier la vénèrent comme leur *Satgourou* et Mère divine. Qui remettrait en cause son droit de vivre là ?»

Dans la *Bhagavad Gita*, le Seigneur *Krishna* dit :

**yad yad ācarati śreṣthas tat tad evetaro janaḥ**
**sa yat pramāṇam kurute lokas tad anuvartate**

*Le comportement de ceux qui ont un caractère noble est imité par les autres.*

*Quel que soit le modèle qu'ils établissent, il est suivi*
*par le monde.* (3.21)

Les actions d'Amma sont si charismatiques qu'inconsciem-
ment nous nous mettons à les imiter. Beaucoup d'entre-nous se
prosternent avant de s'asseoir par terre ou touchent du front un
livre avant de le lire. Beaucoup d'enfants d'Amma se saluent en
disant : « Om Namah Shivaya. » N'avons-nous pas copié ces
comportements sur le sien ? Tout ce qui la concerne est si beau
que nous voulons nous l'approprier. Si elle se mettait à mener une
vie luxueuse, nous voudrions faire de même.

Ce soir-là, Amma est sortie pour rendre visite à des dévots.
À son retour, des centaines de ses enfants se sont rassemblés
autour de sa voiture et ont commencé à la supplier d'aller dans la
nouvelle chambre : « Amma, pardonne-nous et utilise la nouvelle
pièce. Nous l'avons construite ainsi par ignorance. Nous ne répè-
terons pas une telle erreur. Mais, s'il te plaît, va dans la nouvelle
chambre. » Quelques femmes se sont mises à pleurer.

Amma est restée impassible. Un dévot a alors essayé de la
persuader par la logique : « Tout cet argent dépensé pour la
construction sera gaspillé si Amma ne demeure pas dans cette
pièce. Personne ne l'utilisera dans le futur. »

« Louez la ! s'exclama-t-elle. Utilisez l'argent de la location
pour aider les pauvres. Amma a rencontré beaucoup de gens qui
ont des problèmes de reins et n'ont pas de quoi s'offrir une trans-
plantation. Ils ont besoin régulièrement d'une dialyse qui coûte
des milliers de roupies. Même s'ils arrivent à s'offrir l'opération,
ils ont besoin de régler les soins post-opératoires et régulièrement
des médicaments. Comment les pauvres, qui ne peuvent même
pas apaiser leur faim, pourraient-ils s'offrir ce genre de traitement
coûteux ? Une personne dont l'espérance de vie est de 80 ans peut
mourir à 40 ans uniquement parce qu'elle ne peut pas régler les
frais des soins médicaux. Ne sommes-nous pas tous responsables

de sa mort prématurée ? L'argent gaspillé dans le luxe peut être utilisé pour sauver beaucoup de vies. »

Les dévots reconnurent leur défaite. Alors Amma commença à marcher vers son ancienne chambre. Avant d'entrer, elle se retourna pour regarder le visage des dévots. Soudain, son expression changea et son visage se mit à rayonner d'amour et de compassion. D'une voix douce, elle dit : « Oui » et se dirigea vers la nouvelle pièce. L'atmosphère tendue s'est dissipée et a laissé la place au soulagement et à la joie. Les dévots se sont mis à exprimer tout haut leur gratitude envers Amma.

Elle avait fait tout ce qu'elle pouvait pour leur montrer que l'argent n'avait pas été judicieusement dépensé. À la fin, c'est la compassion débordante qu'elle ressent pour ses enfants qui a motivé son action. Sachant que leur cœur désirait qu'elle habite dans la nouvelle chambre, elle ne voulait pas les attrister. Même quand elle enseigne l'humilité, elle montre que c'est l'amour qui doit guider nos actes.

Seconde Partie

# La voie vers le
# succès ultime

*Suis donc ceux qui rayonnent,*

*Les sages, les éveillés, les aimants,*

*Car ils savent travailler et endurer.*

*Suis-les*

*Comme la lune suit la route des étoiles.*

Dhammapada (Recueil des paroles du Bouddha)

# Chapitre 7

# Corps, mental et intellect : guide de l'usager

N ous utilisons quotidiennement de nombreuses machines et instruments divers pour accomplir nos tâches et subvenir à nos besoins. Mais si nous ne savons pas les manipuler, au lieu de nous rendre service, ils risquent de nous blesser. Pour nous apporter le maximum de bienfaits, ils doivent rester sous notre contrôle et obéir à nos ordres.

Imaginons que nous conduisons une voiture et que, quand nous voulons tourner à gauche, la voiture refuse : « Non, je ne tournerai qu'à droite. » Nous serions dans de beaux draps ! Il existe des histoires de science fiction dans lesquelles les machines prennent le contrôle des êtres humains. Nous ne souhaitons pas que ce genre de chose devienne la réalité, car notre existence tournerait au cauchemar.

Malheureusement, une situation similaire existe déjà dans notre vie.

Notre corps, notre mental et notre intellect sont là pour rendre confortable le voyage de notre vie. Toutefois, nous constatons souvent que nous n'arrivons pas à les utiliser comme nous le souhaiterions. En fait, ce sont plutôt les instruments qui se servent de nous. S'il nous arrive parfois de sentir que notre vie ne marche pas très bien, il est possible que cela soit causé par les instruments que nous utilisons.

En Occident, nous pensons souvent que le mental et l'intellect sont une seule et même chose. Mais selon le *Védanta*[1], il existe quatre instruments internes ou, plus exactement, quatre fonctions différentes appartenant à un même instrument. Il s'agit de *manas* (le mental), *buddhi* (l'intellect), *chitta* (la mémoire), et *ahamkara* (l'ego ).

*Manas* est le siège des émotions. Quand nous nous sentons tristes, en colère, heureux ou paisibles, nous ressentons cela par *manas*, le mental. C'est là que se trouve aussi la faculté de douter. *Buddhi* est la faculté de prendre des décisions. C'est le pouvoir qui nous permet de choisir une chose plutôt qu'une autre. Toutes nos actions suivent les décisions de *buddhi*, l'intellect. *Chitta*, l'entrepôt de tous nos souvenirs est responsable de nos préconceptions au sujet des choses, des gens et des situations que nous rencontrons. *Ahamkara* est le sentiment qui nous fait dire : « je suis l'auteur de telle et telle action, et je veux faire l'expérience de son résultat. »

Nous sommes donc en premier lieu concernés par le mental et l'intellect. Or le *Védanta* nous dit que le mental n'est qu'un flot de pensées. De même qu'un arbre tout seul ne peut pas être appelé « une forêt », de même, la concentration sur une seule pensée ou l'absence de pensées, ne peuvent pas prétendre désigner le mental. Ainsi, le mental subit une mort provisoire pendant le sommeil profond. Quand nous dormons profondément, notre tumulte mental s'arrête. C'est pourquoi nous nous sentons heureux, frais et dispos après un bon sommeil. Gardons cet état de calme également pendant nos heures d'éveil, et la plupart de nos problèmes d'ordre mental seront résolus !

Malheureusement, au lieu que ce soit nous qui contrôlions le mental, nous sommes la plupart du temps sous son emprise.

---

[1] *Védanta* signifie littéralement « la fin des Védas ». Ce terme renvoie donc aux *Upanishads*, textes qui traitent de *Brahman*, ou de la Vérité Suprême et de la voie pour réaliser cette Vérité.

L'instrument nous utilise pour faire ce qu'il veut. Amma donne souvent l'exemple suivant : tant que le chien peut remuer la queue, il est content. Mais si la queue remuait le chien, celui-ci n'aurait plus un moment de paix. Même manger ou dormir deviendrait un défi. Notre situation ressemble à celle du chien remué par sa queue.

Amma dit que si nous nous entraînons à utiliser correctement le mental, notre vie sera plus paisible. Sans un minimum de paix mentale, nous ne pouvons ni méditer, ni nous consacrer à d'autres pratiques spirituelles avec concentration. Il est nécessaire de contrôler les instruments comme le corps, le mental et l'intellect.

Si nous ne maîtrisons pas le mental, même dans un environnement paisible, nous ne serons pas capables d'en profiter. Pour l'instant, notre mental est pareil à un cheval sauvage. Personne ne souhaite être triste ou en colère, et pourtant, dès que nous rencontrons des difficultés, nous ressentons automatiquement ce genre d'émotions. C'est parce que nous ne sommes pas capables d'utiliser le mental et l'intellect comme nous le voudrions. S'ils étaient sous notre contrôle, nous pourrions aborder nos problèmes avec un mental calme et tranquille.

Nous avons tous beaucoup de défauts dans notre mental, comme l'impatience, le jalousie, la colère, l'avidité, le jugement etc. … Le maître spirituel crée des situations pour amener ces défauts à la surface et nous montrer nos erreurs. Une fois que nous en sommes devenus conscients, le gourou nous aide à les surmonter.

Aux premiers temps de l'ashram, lorsqu'Amma a introduit la discipline quotidienne de se lever à 4h30 du matin et de méditer plusieurs heures par jour, certains d'entre nous n'étaient guère heureux, car nous étions habitués à dormir longtemps. Nous n'avions aucune envie de nous lever tôt. Quelques-uns parmi nous ont choisi de ne pas assister à la méditation de 4h30 ni à l'*archana* (adoration de la Mère Divine).

Quand Amma s'est rendu compte que certains parmi nous ne participaient pas au premier rituel du matin, elle a commencé à s'y rendre elle-même. Souvent elle n'allait se coucher qu'après minuit. Cependant, pour nous encourager à nous lever tôt, Amma était là bien avant 4h30, prête à psalmodier et à méditer. Lorsque nous avons appris qu'Amma assistait à *l'archana*, malgré le peu de repos qu'elle avait, nous avons eu honte et avons commencé à y aller régulièrement. Plutôt que de continuer à nous accorder de longues heures de sommeil, nous sommes arrivés à surmonter cet attachement au confort physique.

Nous réagissions avec véhémence quand Amma faisait quelque chose qui nous déplaisait, comme montrer du doigt nos erreurs ou faire l'éloge d'une personne que nous n'aimions pas. Nous nous éloignions quelque part pour bouder ou même, nous nous disputions avec elle. Au début, elle n'a guère prêté attention à nos réactions. Mais au bout de quelques années, elle s'est mise à prendre au sérieux ce genre d'éclats. Quand nous réagissions négativement à une situation ou à ses instructions et à ses paroles, elle cessait de manger et de boire. Parfois elle restait debout sous le soleil ardent ou sous la pluie battante, ou encore dans une mare voisine, de l'eau jusqu'à la taille. De cette façon, elle se punissait elle-même pour nos erreurs. Amma nous disait : « Vous êtes tous venus à Amma pour atteindre la réalisation du Soi. Si Amma ne corrige pas vos erreurs, vous n'arriverez pas à progresser réellement et Amma ne vous rendrait pas justice. C'est pour vous aider à grandir spirituellement qu'Amma a choisi de prendre des mesures si rigoureuses. »

Elle nous donnait ensuite affectueusement des conseils pour faire face à des circonstances similaires dans le futur. Puis elle créait des épreuves variées pour voir si nous avions assimilé les leçons que nous étions censé apprendre. Grâce à son infinie patience et à sa compassion inimaginable, nous avons lentement commencé à prendre conscience de nos réactions négatives et à nous repentir de nos sottises passées. Amma nous a appris à bien nous servir du mental et de l'intellect au lieu d'être manipulés par eux.

Amma n'utilise son corps, son mental et son intellect que pour aimer ses enfants. Qui est capable de rester assis comme elle pour donner le *darshan*, pendant des heures et des heures, jour après jour ? En observant sa vie, nous apprenons la meilleure façon d'utiliser les instruments que Dieu nous a donnés. Bien sûr, nous ne pouvons pas imiter ce que fait Amma. Mais au lieu de nous contenter de dire : « Elle est merveilleuse ! », nous devrions aussi apprendre l'art de maîtriser le corps, le mental et l'intellect. Alors seulement pourrons-nous faire l'expérience de la véritable paix et du bonheur. Autrement, chaque circonstance de la vie nous dérangera.

Ne croyons pas que c'est une tâche impossible. Pour faire progresser leurs affaires, beaucoup de gens oublient de manger et de dormir. Parce qu'ils se sont engagés à atteindre leurs buts, ils sont capables de contrôler le corps par la force de leur volonté. Un dévot m'a confié : « Mon fils renonce au sommeil et à la nourriture pour regarder les compétitions sportives internationales à la télé ! » Pour donner un autre exemple, si notre patron est fâché ou dur avec nous, nous sommes capables de contrôler notre colère. Nous ne répondons pas. Nous savons que si nous avons une attitude négative, nous perdrons notre travail.

Nous sommes donc capables de contrôler le corps, le mental et l'intellect, même dans des situations difficiles, si nous avons en tête un but particulier à atteindre, ou si nous sommes particulièrement dévoués à une cause. Nous devrions étendre cette capacité à nos pratiques spirituelles et à notre comportement vis-à-vis des autres.

En tant que dévots d'Amma, c'est notre dévotion pour elle qui nous aide à développer cette capacité. Il y a bien longtemps, quand je travaillais dans une banque, je faisais des heures supplémentaires pour gagner plus d'argent. Et quand j'ai démissionné de mon poste pour venir vivre à l'ashram comme résident, tout mon enthousiasme pour le travail s'est évanoui et je suis devenu en quelque sorte paresseux. Mais en voyant l'amour d'Amma pour nous, j'ai souhaité l'aider de toutes les façons possibles. Ceci m'a aidé à échapper à l'emprise de la paresse et à surmonter mon attachement au confort physique.

Quand notre amour et notre affection pour Amma l'emportent sur notre attachement aux plaisirs du corps et aux désirs du mental, nous devenons naturellement capables de maîtriser nos instruments.

# Chapitre 8

## *Le but de la vie*

L a vie est un voyage et ce corps est le véhicule qui nous est offert pour l'accomplir. C'est un voyage qui nous emmène du petit soi au Soi infini. C'est pourquoi les Écritures disent : « Le corps humain est, en vérité, l'instrument pour réaliser Dieu, qui est le but ultime de la vie. »

Mais en Occident, la naissance humaine et le corps sont rarement considérés comme servant un dessein si noble et élevé. Même Shakespeare définit la vie comme « un conte, plein de bruit et de fureur, raconté par un idiot, et qui ne signifie rien. »

La frustration nous fait parfois dire que notre vie est inutile ou que nous n'avons plus envie de vivre. Mais imaginez que quelqu'un nous propose : « Je vous donne un million de dollars en échange de vos mains et de vos jambes. » Nous refuserions cette offre parce que notre corps a une grande valeur pour nous. Nous pouvons donner un rein, mais pas deux. Notre corps est la chose la plus précieuse à nos yeux. Si nous ne voulons pas vendre ne serait-ce qu'une partie de notre corps pour un million de dollars, comment pouvons-nous dire que notre vie est inutile ? Il est évident que cette vie est un cadeau, une bénédiction de Dieu.

La tradition hindoue dit qu'avant d'obtenir une naissance humaine, il faut passer par des centaines de milliers de vies sous des formes moins évoluées, du brin d'herbe à l'arbre, du ver de terre à l'oiseau qui le mange, jusqu'au singe et aux autres animaux. Même du point de vue de l'évolution biologique, combien de milliards d'années a-t-il fallu pour que les êtres humains apparaissent sur la terre ? De l'amibe unicellulaire au poisson dans l'océan, des reptiles aux oiseaux et finalement, des singes à l'homme de Néandertal, quel travail la Création n'a-t-elle pas dû effectuer pour créer un corps humain ?

Bien que le corps soit si précieux, la tendance générale du monde contemporain est de le rabaisser à n'être qu'un moyen de savourer les plaisirs de la vie. Amma dit que goûter aux plaisirs du monde n'est pas un problème, tant que nous ne nous y attachons pas au point de manquer de réaliser notre véritable Soi.

Les *Upanishads* appellent ce genre d'échec *mahati vinashti* ou « la grande perte ». Quel que soit le bonheur dont nous faisons l'expérience dans le monde, il ne représente qu'une fraction infinitésimale de la béatitude du Soi. En réalité, même ce bonheur dans le monde ne vient pas du monde. Quand nous satisfaisons un désir particulier, le mental cesse de chercher à l'extérieur de lui-même, pour un court instant. À ce moment-là, nous nous sentons heureux. Mais d'où vient ce bonheur ? Lorsque le mental cesse brièvement de faire des efforts pour acquérir ou accomplir quelque chose, nous percevons le faible reflet de la béatitude de notre véritable Soi, à travers l'obscurité de notre ego, de nos attachements et de nos préconceptions. C'est ce pâle reflet que nous appelons le bonheur. La plupart d'entre nous courons après ce reflet au lieu d'en chercher la source, qui est notre propre Soi. Les *mahatmas* comme Amma ne sont jamais trompés par ce reflet. Établis dans le Soi, source et support de tout le reste, ils vivent dans un contentement parfait.

Quelques jours avant sa mort, Albert Einstein aurait déclaré : « Parfois je me demande si ma vie n'a pas été gaspillée. J'ai étudié les étoiles les plus lointaines et complètement oublié de m'étudier moi-même, alors que j'étais l'étoile la plus proche ! » Même si ceux pour qui nous avons normalement une grande estime font des déclarations aussi profondes, nous ignorons bien commodément leurs paroles, ou nous les déformons, parce qu'elles nous dérangent.

Tout en profitant du monde, n'oublions pas le but ultime de la vie. Le corps, le mental et l'intellect nous ont été donnés comme des atouts. Pour que ces atouts précieux ne se transforment pas en désavantages, apprenons à les utiliser correctement pour atteindre le but de la vie humaine.

Dans la *Katha Upanishad*, le corps est comparé à un char. L'intellect en est le conducteur, les cinq organes des sens sont les cinq chevaux qui le tirent, et le mental, les rênes qui contrôlent les chevaux. Le conducteur du char doit connaître sa destination, les moyens d'y arriver et avoir une bonne maîtrise des chevaux. Un bon conducteur peut atteindre son but même avec un char en mauvais état. Mais un mauvais conducteur pourrait bien ne pas arriver à destination, même avec un char en parfait état.

Par son exemple, Amma nous montre clairement comment utiliser notre vie pour atteindre le but ultime : utiliser le corps pour aider les autres, la parole pour consoler affectueusement autrui, le mental pour cultiver de bonnes pensées et prier. « Celui dont les jambes se précipitent pour aider ceux qui souffrent, dont les mains aspirent à soulager ceux qui ont du chagrin, dont les yeux versent des larmes de compassion, dont les oreilles écoutent les peines de ceux qui sont dans la détresse, et dont les paroles consolent ceux qui sont dans la douleur, celui-là en vérité, aime sincèrement Dieu. » affirme-t-elle.

Amma dit qu'elle veut, jusqu'à son dernier souffle, poser la tête de quelqu'un sur son épaule et essuyer ses larmes. Même pour ceux qui la détestent, Amma n'a que des mots d'amour et de compassion.

Je me souviens d'un jour où une dispute a éclaté entre deux résidents de l'ashram. En fait, il était clair que l'un des deux était en faute ; il avait commis une grave erreur. L'autre s'en est plaint à Amma, en espérant qu'elle chasserait le fautif. Amma a d'abord consolé le « plaignant », puis a appelé « l'accusé ». Le « plaignant » était persuadé qu'une poursuite et un contre-interrogatoire vigoureux allaient avoir lieu. Mais à sa profonde consternation, Amma a poursuivi l'affaire en donnant des instructions à l'autre avec beaucoup de douceur. Après ce dénouement inattendu, le « plaignant » a fait appel à Amma en disant : « Amma, je ne trouve pas ça juste. » Amma a souri et répondu : « Il n'y a pas de justice à la Cour du maître spirituel. Il n'y a que miséricorde et compassion. La justice est rendue à la Cour du temps. »

Une vie incarnant toutes les qualités divines d'Amma peut nous paraître un but irréaliste. Sans aucun doute, nous avons chacun notre part de difficultés. Mais cela ne doit pas nous faire oublier le but de la vie. C'est malgré de nombreux problèmes, et non en leur absence, qu'Amma est devenue ce qu'elle est aujourd'hui. Contrairement à nous, elle avait toute liberté de choisir les circonstances de sa naissance. Quand un dévot lui a demandé : « Est-ce que tu n'es pas triste en pensant à toutes les épreuves que tu as dû traverser dans ta vie ? », elle a répondu : « Non, car je suis l'auteur de la pièce que je mets en scène aujourd'hui. » Amma aurait pu choisir de ne pas naître. Elle n'avait nul besoin de subir toutes les vicissitudes qu'elle a rencontrées dans sa vie.

Si Amma a choisi pour elle-même une vie aussi difficile, c'est afin de montrer qu'en dépit de toutes nos difficultés, nous pouvons néanmoins cultiver des qualités spirituelles et finalement réaliser le Soi. Aujourd'hui encore, elle n'a aucun besoin de donner le *darshan* jour et nuit, ni de répondre à nos questions et clarifier nos doutes, ni de chanter et méditer avec nous. Beaucoup de gens seraient heureux d'installer Amma dans un hôtel cinq étoiles pour le reste de sa vie, mais bien sûr, Amma n'y pense même pas. Partout où elle va, à moins qu'elle n'ait un ashram dans cet endroit, elle loge chez des dévots. Parfois la maison est toute petite, avec seulement deux pièces pour loger le groupe de quinze personnes. Les hôtes proposent à Amma de louer une grande et belle maison, ou bien des chambres dans de bons hôtels, mais systématiquement Amma refuse.

Durant le Tour d'Europe, qui a lieu chaque année, elle reste généralement dans le hall du darshan entre le programme du matin et celui du soir sans profiter du confort de la maison qui a été préparée pour elle. Après le *darshan* du matin, il faut parfois une heure pour rentrer là où elle est logée, puis une autre heure pour retourner à la salle le soir. Au lieu de perdre du temps dans les trajets, Amma préfère utiliser ce temps pour donner le *darshan* à plus de gens.

Lors de la tournée des États-Unis en 2002, elle s'est rendue pour la première fois à Iowa et les organisateurs avaient loué un avion privé pour qu'elle puisse faire le voyage facilement à partir de Chicago. Ils souhaitaient faire tout leur possible pour lui épargner les fatigues physiques, surtout après sa longue nuit de *darshan* à Chicago. À première vue, cela semblait une bonne idée. Les cadres supérieurs et les célébrités voyagent tout le temps en jet privé. Et ils sont bien moins occupés qu'Amma. Ils ne passent pas dix-huit heures par jour à écouter les problèmes de milliers de personnes.

Quand Amma a découvert leur projet, elle leur a immédiatement demandé d'annuler le vol. Elle a expliqué qu'elle avait vu la souffrance de millions de gens dans le monde, beaucoup d'entre eux vivant sans nourriture, ni abri, ni médicaments, par manque d'argent. Peu importe qui offrait cet avion privé, Amma ne pouvait pas accepter, quand elle savait que cet argent aurait pu aider ceux qui souffrent au lieu de servir à son propre confort. Aujourd'hui encore, Amma porte un sari blanc tout simple, dort par terre et ne mange qu'une bouchée de riz avec quelques légumes. Un mendiant vit lui aussi avec très peu de choses, mais ce n'est pas par renoncement ; il est contraint à vivre très simplement par les circonstances. Amma pourrait avoir tous les conforts du monde, mais elle prend si peu du monde et donne tant en retour.

Essayons de suivre de notre mieux l'exemple d'Amma. Au lieu de nous contenter d'utiliser le corps pour savourer les plaisirs matériels, utilisons-le pour servir de façon altruiste et aider les autres. Notre vie deviendra ainsi une bénédiction pour le monde et nous mènera finalement jusqu'à la réalisation du Soi.

# Chapitre 9

# *Ultime transformation*

L e soleil levant, la pleine lune, la brise du printemps, le lotus épanoui… Malgré son impact sur l'environnement, le développement de la technologie et de l'industrie n'a pas diminué la splendeur de la nature. Mais nous ne nous réjouissons plus de ces merveilles comme le faisaient les générations précédentes, ou même comme nous le faisions quand nous étions enfants.

La courbe des dépressions nerveuses et autres désordres mentaux monte en flèche. Un instituteur aux États-Unis m'a raconté que le matin, des élèves font la queue devant le bureau du directeur. Chaque enfant attend de recevoir ses médicaments pour soigner son problème psychologique.

Nous pouvons penser que l'état du monde empire et que cela explique pourquoi depuis quelques années nous n'avons plus ni énergie ni enthousiasme. En réalité, c'est moins le monde qui a changé que notre attitude et nos valeurs. Nous avons besoin de transformer totalement notre vision de la vie et de son but.

Pour illustrer l'importance de la transformation individuelle dans le monde contemporain, je voudrais citer un rapport que j'ai lu récemment à propos du déclin des valeurs dans la société. Une étude auprès des directeurs de lycée aux États-Unis, réalisée en 1958, affirme que les problèmes principaux des élèves étaient :

1 / Ne pas faire leurs devoirs.

2 / Ne pas respecter les bâtiments scolaires.

3 / Laisser les lumières allumées, les portes et les fenêtres ouvertes.

4 / Faire du bruit et traverser les salles en courant.

Les résultats de la même étude trente ans plus tard étaient choquants. En 1988, les problèmes principaux des lycéens étaient classés dans l'ordre suivant :

1/ Avortement.

2/ Sida.

3/ Viol.

4/ Drogues.

5/ Meurtres, port illégal de pistolets et de couteaux dans les écoles et les universités.

6/ Grossesse chez les adolescentes.

Si la même étude devait se faire en 2004, je n'oserais pas en lire les résultats. Amma raconte l'histoire suivante :

Un père apprend que son fils, encore adolescent, sort en boîte de nuit. Le père conseille à son fils de ne pas fréquenter ce genre d'endroits en expliquant : « Si tu vas en boîte, tu y verras des choses que tu n'es pas supposé voir. »

En dépit du conseil de son père, le garçon y retourne. Le lendemain, il dit à son père : « Papa, hier soir je suis allé en boîte et j'ai vu quelque chose que je n'étais pas supposé voir. »

— Qu'est-ce que tu as vu ? veut savoir le père.

— Je t'ai vu toi, assis au premier rang ! répond le fils.

Amma dit que ce sont les parents qui devraient montrer l'exemple de la patience, de la bonté et de la discipline. Si les parents sont dépourvus de ces qualités, les enfants suivront leurs traces.

Malheureusement, le mental ne gravite pas naturellement autour des qualités et des bonnes pensées. Comme Albert Einstein l'a dit : « La science peut changer la nature du plutonium, mais pas la malveillance dans l'esprit humain. » Il est extrêmement difficile de se libérer des négativités du mental. Il ne s'agit pas d'un processus automatique comme la digestion de la nourriture.

C'est à nous de démarrer ce processus consciemment. Même pour quelqu'un de très instruit, libérer le mental des tendances négatives n'est pas une tâche aisée.

Nous pouvons nous demander pourquoi il en est ainsi. Pourquoi le mental a-t-il tendance à aller vers le bas plutôt que vers le haut ?

C'est à cause des *vasanas* que nous avons héritées du passé. Quand nous agissons d'une certaine façon et qu'une expérience plaisante en résulte, l'impression ainsi créée dans le mental va le pousser à vouloir retrouver une expérience similaire. À force de répéter la même action, une forte tendance ou habitude se développe et il devient très difficile de la casser. En plus des *vasanas* héritées de nos vies passées, nous en créons de nouvelles dans notre vie actuelle.

Dans la grande épopée du *Mahabarata*, *Duryodhana*, le frère aîné des *Kauravas* déclare : « Je sais très bien ce qu'est le *dharma* ( ce qui est juste), mais je ne suis capable de le mettre en pratique. Je sais très bien ce qu'est l'*adharma* (ce qui est injuste), mais je ne suis capable de m'en abstenir. » *Duryodhana* arrivait à discerner entre le bien et le mal, mais à cause de la force de ses *vasanas*, il était incapable de mettre en pratique son discernement.

Amma indique une autre raison pour laquelle le mental ne gravite pas autour de pensées divines : c'est parce qu'au moment de notre conception, nos parents ne pensaient qu'au plaisir sensuel, ce qui affecte nettement le mental de façon subtile.

En fin de compte, il est inutile d'essayer de comprendre d'où viennent les *vasanas*. Si nous perdons un temps précieux à tenter de découvrir leur origine, nous sommes comme cet homme blessé par une flèche qui se demande qui a lancé la flèche, de quel bois elle est faite, et de quel oiseau proviennent les plumes qui l'ornent... plutôt que de s'occuper de ce qu'il doit faire en priorité, c'est-à-dire d'extraire la flèche de son corps et de désinfecter la blessure. De même, nous ne comprenons peut-être pas comment nous nous trouvons dans un labyrinthe, mais il suffit de nous préoccuper d'en trouver la sortie.

Un moyen de surmonter nos *vasanas* est de prendre refuge auprès d'un *Satgourou* comme Amma. Beaucoup de gens se transforment de façon remarquable après avoir rencontré Amma. Des alcooliques arrêtent de boire, de grands fumeurs arrêtent de fumer, des gens cruels deviennent plus doux, et beaucoup d'autres mauvaises habitudes ou obsessions disparaissent.

Après mon baccalauréat, je voulais devenir médecin mais j'ai fini employé de banque. J'avais un bon travail et pourtant mon désir de profession médicale me hantait toujours. Comme je ne pouvais pas être médecin, j'aspirais à devenir représentant médical. J'étais obsédé par ce projet de changer de carrière. Mon père et mes amis me conseillaient de ne pas quitter mon poste lucratif à la banque. Ils m'ont prévenu que le travail de représentant médical n'était pas aussi intéressant que celui que j'avais à la banque. Ils m'ont expliqué que les représentants doivent attendre des heures durant derrière la porte de service des médecins et se tenir constamment à la disposition de leurs clients. Pourtant je n'arrivais pas à renoncer à mon désir insensé jusqu'à ce que je rencontre Amma. Après l'avoir rencontrée, cette obsession a disparu spontanément. Ce genre de transformation est courante en présence d'un *mahatma*.

C'est pourquoi le fait de rencontrer un *mahatma* a une telle importance. Si celui qui se trouve en mauvaise compagnie adopte les comportements négatifs des gens qu'il fréquente, l'association avec un *mahatma*, elle, a un effet bénéfique sur notre vie et notre caractère. Autrement dit, la mauvaise compagnie nous rend mauvais, mais quand nous sommes en contact avec une personne vertueuse, nous devenons vertueux. Quand nous fréquentons un maître spirituel, nous nous tournons vers la spiritualité. Plus nous sommes réceptifs, plus grande est notre transformation. Si nous voulons augmenter notre réceptivité, nous pouvons faire tout notre possible pour nous souvenir constamment du maître, ou aussi souvent que possible, et suivre ses instructions avec sincérité. Nous pouvons également essayer de cultiver la pureté mentale avec de nobles pensées, tenter d'éviter les pensées négatives et les remplacer par des pensées positives.

Il y a quelques années, un programme d'Amma en Allemagne se trouvait à côté d'un bar. Un soir, un homme ivre est sorti du bar en titubant et s'est retrouvé dans le hall où Amma était en train de donner le *darshan*. Il a demandé à une dévote de cette ville ce qui se passait là. Elle lui a expliqué avec douceur et patience qu'Amma était une sainte indienne et lui a demandé s'il souhaitait recevoir sa bénédiction. Il a dit que ça lui était égal. Il était de toute évidence complètement saoul et parlait de façon décousue. Nous l'avons emmené malgré tout au *darshan*. Amma lui a accordé beaucoup de temps, l'a inondé d'amour et d'affection et s'est montrée inquiète de son état d'ivresse, de son allure échevelée et chiffonnée. Nous pensions ne jamais le revoir.

Trois mois plus tard, quand nous sommes rentrés en Inde, il est apparu à l'ashram d'*Amritapuri*. Il ne ressemblait guère à l'homme qui était rentré en titubant dans le hall du programme. Sa tête était rasée, il portait des vêtements propres et un *mala* en *roudraksha* (rosaire indien fait des graines de l'arbre *roudraksha*), mais je l'ai reconnu et lui ai demandé ce qui lui était arrivé. Il a répondu qu'il ne savait pas ce qu'Amma avait fait, mais qu'après la nuit où il l'avait rencontrée, il s'était retrouvé complètement transformé. Auparavant, ses parents et ses amis lui avaient sans cesse répété de ne pas boire autant, mais il n'avait jamais été capable de contrôler son habitude. Il lui était arrivé, à plusieurs occasions, de se faire sérieusement maltraiter et même battre quand il était très ivre. Mais ce soir-là avec Amma, il n'avait reçu qu'amour et affection. Après cela, il avait perdu tout intérêt pour la boisson. Il a déclaré que, dorénavant, il voulait rester à l'ashram.

Même des meurtriers sont devenus de grands sages grâce à leur association avec un maître réalisé. Beaucoup d'entre vous connaissent l'histoire du sage Valmiki, l'auteur du *Ramayana*. Avant de devenir un sage, il était tout simplement un voleur et un assassin qui vivait dans la forêt. Après sa rencontre avec un groupe de *mahatmas*, il a été complètement transformé. Dans un pays de saints et de sages érudits, c'est un homme des bois illettré qui a écrit la première grande épopée sanscrite (vingt-quatre mille vers), laquelle est encore lue et appréciée par le grand public, après des milliers d'années. Voilà le miracle que peut produire la rencontre avec un *mahatma*.

Un autre exemple est celui d'Angoulimala qui avait fait le vœu d'assassiner mille personnes et en avait déjà tué 999 quand il a aperçu le Bouddha marchant dans la forêt. Il a décidé qu'il serait sa millième victime et s'est mis à le suivre. Le Bouddha marchait sans se presser mais Angoulimala s'est rendu compte qu'il n'arrivait pas à le rattraper. Finalement, à bout de souffle, il a crié : « Hé, le moine, arrête-toi ! »

Le Bouddha a simplement répondu : « Je me suis arrêté. C'est toi qui ne t'es pas arrêté. »

Interloqué, Angoulimala a demandé au Bouddha ce qu'il voulait dire. Le Bouddha lui a expliqué : « J'ai dit que je me suis arrêté parce que j'ai renoncé à tuer les êtres. J'ai renoncé à les maltraiter et, par la méditation, je me suis établi dans l'amour, la patience et la connaissance universels. Tu n'as pas renoncé à tuer ni à maltraiter les autres et tu n'es pas encore établi dans l'amour et la patience universels. C'est pourquoi, c'est toi qui ne t'es pas arrêté. » Transformé par ces paroles, Angoulimala a jeté ses armes, suivi le Bouddha et est devenu son disciple. En accomplissant des actions justes et des pratiques spirituelles sincères, Angoulimala a

même réussi à réaliser Dieu. Le Bouddha a dit de lui plus tard :
« Celui dont les actions malfaisantes ont disparu sous les bonnes,
éclaire le monde comme la lune libérée d'un nuage. »
Je me souviens d'une anecdote similaire dans la vie d'Amma.
Alors qu'elle avait une vingtaine d'années, il y avait un groupe de
gens du hameau voisin qui n'appréciait pas son influence grandissante. Moyennant alcool et argent, ils ont poussé un voyou de leur
village, qui était allé plusieurs fois en prison, à agresser Amma. Il
est arrivé à sa maison après minuit. À cette époque, le père ou la
mère d'Amma la surveillait pendant la nuit tandis qu'elle méditait
profondément dans la cocoteraie devant le temple. Cette nuit-là,
Amma avait médité si longtemps que son père avait senti la fatigue
l'envahir, et il était parti se coucher. Amma est restée dehors en
méditation, avec pour toute compagnie deux chiens allongés
tout près d'elle. Quand le criminel s'est avancé vers Amma, un
des chiens a brusquement sauté sur lui et lui a planté ses crocs
dans la main. En entendant les chiens aboyer et l'homme hurler
de douleur, Amma a ouvert les yeux et a découvert le voyou qui
tenait sa main en sang.

Elle a bien deviné ses motivations malveillantes, mais elle s'est
pourtant approchée de lui et lui a dit de ne pas s'inquiéter. Elle a
nettoyé et pansé sa blessure. Ensuite elle a demandé aux voisins,
qui s'étaient rassemblés là à cause du bruit, de ramener l'homme
chez lui sans lui faire de mal.

Après cet incident, ce voyou qui avait voulu attaquer Amma,
a été complètement transformé. Il s'est même mis à faire traverser
gratuitement la lagune aux dévots d'Amma.

La simple présence d'un être divin nous transforme. Par son
amour et sa compassion, Amma apporte cette transformation
positive à des millions de ses dévots. Beaucoup d'entre eux ont fait
des choses répréhensibles dans le passé, mais parce qu'ils ont été

exposés à la divinité d'Amma, ils ont modifié leur comportement et sont devenus droits.

De cette façon, Amma n'aide pas seulement des millions d'individus, elle restaure l'harmonie perdue au sein de la famille et de la société. Si nous changeons, alors, les gens autour de nous, lentement, changeront. D'autres reliés à eux commenceront à changer aussi. Comme Amma le répète souvent, nous ne sommes pas des îles isolées les unes des autres, mais les maillons d'une même chaîne. Que nous en ayons conscience ou non, chacune de nos actions influence les autres. La société est faite d'individus. Quand des individus s'améliorent, la société dans son ensemble devient plus harmonieuse et paisible.

# Chapitre 10

# *Le désir qui élimine le désir*

Nous éprouvons tous une foule de désirs, dont la satisfaction nous rend très heureux. Malheureusement, beaucoup de nos désirs se multiplient. S'il n'y a pas de mal à essayer de les satisfaire, n'oublions pas que le fait de désirer une chose ne signifie pas forcément qu'elle soit bonne.

Je me souviens d'une histoire à propos d'un dévot d'Amma qui illustre ce point. C'était un jeune homme tout juste sorti de l'université avec de très bons résultats. Il rêvait de devenir *brahmachari* et de vivre à l'ashram avec Amma, mais comme sa famille était très pauvre, il voulait d'abord l'aider financièrement avant de s'installer à l'ashram. Chaque fois qu'il voyait Amma, il lui demandait la grâce de trouver un bon travail immédiatement afin de pouvoir aider ses parents et puis rejoindre l'ashram.

En peu de temps, est arrivée une proposition de poste au Moyen Orient. C'était un travail intéressant avec un bon salaire. Le seul problème était qu'il devait signer un contrat le liant à la compagnie pour un minimum de cinq ans. Au cas où il démissionnerait avant d'avoir complété les cinq années de service, il devrait rembourser tout l'argent reçu en salaire.

Il est venu à l'ashram pour en discuter avec Amma : « C'est un très bon salaire. Je dois accepter ce travail. »

Amma lui a répondu : « Pourquoi ne pas attendre encore un peu ? On va t'offrir une autre situation avec de meilleures conditions. » Mais, malgré ce renseignement donné par Amma elle-même, il n'a pas voulu l'écouter. Il était persuadé de ne pouvoir obtenir meilleure proposition pour aider sa famille. Il a donc accepté son poste et travaillé pendant environ deux ans. Avec l'argent qu'il envoyait chez lui, ses parents ont pu régler toutes leurs dettes. Entre-temps, leur dévotion pour Amma s'est tellement renforcée, qu'ils ont vendu leur maison et sont venus vivre à l'ashram. Quand le fils a appris la nouvelle, il a été bouleversé parce qu'il n'avait accepté ce contrat de cinq ans que pour ses parents. Et à présent, il ne pouvait toujours pas rejoindre l'ashram, parce qu'il n'avait pas été au bout de son contrat.

S'il avait écouté Amma, il aurait certainement eu un travail différent, et en peu de temps, il aurait pu venir vivre à l'ashram en tant que *brahmachari*. Ainsi les désirs même apparemment nobles, peuvent parfois nous causer bien des soucis.

C'est pourquoi il est recommandé : « Quand vous allez voir un *mahatma*, ne demandez rien. Confiez-lui seulement vos problèmes. Il vous donnera ce qui est le meilleur pour vous. Quoi qu'il fasse ou vous demande de faire, cela favorisera infailliblement votre croissance spirituelle. »

Ce qui nous semble mauvais peut s'avérer bon pour nous et ce qui nous paraît favorable peut nous apporter de la souffrance. Un homme d'affaires de Mumbai est venu au *darshan*, s'est plaint de ses affaires qui périclitaient et a demandé à Amma de faire un *sankalpa* pour retrouver la prospérité. Amma a dit au *brahmachari* qui traduisait : « Ce par quoi il passe en ce moment est pour son plus grand bien. »

En entendant les paroles d'Amma, l'homme d'affaires s'est senti désespéré. Il a supplié Amma : « Non, Amma, ne dis pas ça ! S'il te plaît, aide-moi. Je ne peux être heureux et satisfait que si mes affaires se rétablissent. »

À la grande surprise du *brahmachari*, Amma s'est mise à rire. Il ne comprenait pas pourquoi elle ne montrait aucune compassion à cet homme, comme elle le fait habituellement avec ceux qui sont dans la détresse. Ce n'est que beaucoup plus tard que le rire d'Amma a pris tout son sens.

Plusieurs mois se sont écoulés et ce même homme d'affaires est revenu à l'ashram. Quand il est passé au *darshan*, il s'est mis à sangloter très fort et a expliqué à Amma qu'après son retour à Mumbai, ses affaires s'étaient remises à prospérer. Mais au même moment, son plus jeune frère a rejoint la pègre et a commencé à lui soutirer d'énormes sommes d'argent. Au début, il a cédé, mais comme les sommes extorquées augmentaient sans cesse, il a refusé de continuer à payer. La relation entre les deux frères a mal tourné et le plus jeune a quitté la maison.

Ensuite, le fugueur a menacé la vie de sa belle-sœur. Comme elle craignait des représailles, elle n'a jamais rien dit à personne, mais le stress devenant trop intense, elle est tombée dans la dépression.

La joie que ressentait cet homme avec le succès grandissant de ses affaires était complètement étouffée par sa situation à la maison. Le bonheur qu'il croyait trouver dans la prospérité lui échappait. Et c'est désespéré qu'il est revenu voir Amma.

Pendant son *darshan*, il a supplié : « Amma ! S'il te plaît, reprends toute ma fortune. Je veux bien être pauvre. Mais donne-moi la paix mentale. Cela va faire bientôt une semaine que je ne dors plus. Je t'en prie, Amma, sauve mon frère et guéris ma femme ! » Amma s'est montrée pleine de compassion envers lui. Elle l'a gardé sur ses genoux et l'a caressé affectueusement.

Quelques mois plus tard, il a écrit à *Amritapuri*. Dans sa lettre, il remerciait Amma pour avoir rétabli la paix et l'harmonie dans sa vie personnelle et familiale. Son frère et sa femme sont également devenus des dévots d'Amma.

Cet homme croyait que ses affaires qui périclitaient étaient une malédiction, mais par la suite, il a compris que la paix mentale était plus importante que l'argent. S'il avait écouté le conseil d'Amma dès le début, il aurait pu éviter beaucoup de souffrances inutiles.

Si nous avons beaucoup de désirs et d'attentes, nous avons du mal à méditer. Nous ne sommes pas capables de rester assis tranquillement, car de nombreuses pensées nous assaillent. Amma dit : « Si nous faisons des pratiques spirituelles et continuons à avoir bien des désirs, une partie de l'énergie spirituelle que nous obtenons par les pratiques est utilisée pour matérialiser ces désirs. En nous adonnant à nos désirs, nous perdons de l'énergie spirituelle et notre croissance spirituelle en est ralentie. »

Amma attire notre attention sur le fait que nous gaspillons l'énergie spirituelle que nous avons accumulée, comme une personne qui travaillant dur toute la journée, dépenserait son salaire en achetant des cacahuètes au lieu de quelque chose d'utile.

Maintenant vous allez me demander : « Swamiji, vous dites que nous ne devrions pas avoir de désirs, mais qu'en est-il du désir d'être avec Amma ? Et de celui d'atteindre la réalisation du Soi ? »

Ces désirs sont les seules exceptions à la règle, car ils sont utiles à la croissance spirituelle. Le désir d'atteindre la libération ou de réaliser Dieu nous emmènera jusqu'à l'état de plénitude au-delà de tous les désirs. Le désir d'être avec Amma n'est pas comparable à celui d'être célèbre ou bien propriétaire d'une grande villa ou d'une grosse voiture. Si nous obtenons la maison que nous voulons, nous en désirerons par la suite une plus grande ou une deuxième. Ainsi, tous les désirs du monde ne font que se multiplier, alors que le désir d'être avec Amma, ou le désir de la libération, nous aide à dépasser les autres désirs. Amma explique que notre attachement à elle nous rend capables de nous détacher de beaucoup d'autres choses et nous inspire à croître spirituellement.

Elle donne cet exemple de l'épine sur laquelle nous avons marché et qui s'est enfoncée profondément dans notre pied. Si nous voulons l'enlever, nous avons besoin d'un objet effilé, comme d'une autre épine. De même que nous utilisons une épine pour nous débarrasser d'une autre épine, le désir de Dieu ou d'être avec son maître spirituel élimine tous les autres désirs.

Il existe trois types de personnes, différents dans la manière de répondre à leurs désirs. Le premier type est appelé le *bhogi* ou celui qui appartient au monde. Il se débarrasse de son désir en le satisfaisant. S'il désire aller voir un film, il se rend au cinéma et satisfait son désir. Ce désir est donc éliminé. Si le lendemain il désire manger une pizza, il ira en courant à la pizzeria la plus proche. Bien que répandue, cette méthode pour éliminer les désirs est très dangereuse. Elle ne fait que rajouter du combustible dans le feu. Car il est impossible d'épuiser nos désirs en les satisfaisant.

Le second type est appelé le *tyagi*, ou renonçant. Avant de tenter de satisfaire un désir particulier, le renonçant se demande : « Est-ce que la satisfaction de ce désir va m'aider à grandir spirituellement ? » Si la réponse est négative, si la satisfaction de ce désir ne fait que renforcer ses *vasanas*, il renonce à son désir.

Le troisième type est le *jnani*, ou *mahatma*, qui a déjà transcendé ses désirs en réalisant le Soi. Le *mahatma* continue à manger et à boire, mais dans son cas, on ne peut pas appeler cela un désir. Il le fait seulement pour maintenir son corps physique. De la même façon qu'il parle la langue du pays où il est né et a grandi, il mange et boit selon la civilisation dans laquelle il a été élevé.

Il y a un bel exemple tiré de la vie de Sri Ramakrishna Paramahamsa. Il demandait parfois qu'on lui apporte immédiatement un genre particulier de sucrerie. Certains se demandaient : « Comment quelqu'un qui a réalisé Dieu peut-il avoir envie de manger des sucreries ? » Sri Ramakrishna Paramahamsa a expliqué à ses dévots qu'il lui était difficile de garder son mental dans le monde, car il était naturellement comme tiré vers l'état de *samadhi*[2]. Mais chaque fois qu'il pensait à des choses ordinaires comme manger des sucreries ou se rendre dans un endroit précis, son mental revenait à la conscience du monde extérieur. « Avant de laisser le mental s'élever dans le *samadhi*, je crée un petit désir comme celui de manger une sucrerie ou bien je pense à faire quelque chose d'autre. Alors le mental redescend pour accomplir cela. » Les êtres réalisés doivent faire un *sankalpa* pour que le mental revienne à la conscience du monde. De même que la sonnerie du réveil nous tire du sommeil, ces petits désirs ou ces intentions tirent l'être réalisé de la conscience du Soi pour redescendre à notre niveau.

Amma dit que lorsqu'elle chante les *bhajans,* si elle laisse partir le mental, il lui est très difficile de revenir de l'état de *samadhi*. De nos jours, comme il y a toujours beaucoup de gens qui assistent aux *bhajans*, Amma fait, avant chaque chant, le *sankalpa* de le chanter jusqu'à la fin. Afin de tenir sa résolution, son mental doit revenir pour chanter chaque vers du texte.

Dans les débuts de l'ashram, quand Amma chantait un *bhajan*, elle entrait souvent en *samadhi* avant la fin. Les *brahmacharis* accompagnant Amma, continuaient à répéter les mêmes vers en attendant qu'Amma sorte du *samadhi* pour annoncer quel serait le prochain chant.

Je me souviens d'une anecdote : Un jour, assis dans l'ancien temple avec Amma, nous chantions l'*archana*, ou *Lalita Sahasranama* (les mille noms de la Mère Divine). Après quelques mantras, Amma est entrée en extase. Parfois elle se mettait à rire, puis à

---

[2] Le *samadhi* désigne un état de profonde absorption, une identification complète avec l'objet de méditation. Que ses yeux soient ouverts ou clos, un *mahatma* est toujours établi dans la Conscience suprême. N'ayant aucune raison d'entrer en relation avec le monde, de nombreux *mahatmas* choisissent de rester constamment intériorisés, en méditation. Un *Satgourou* , par contre, tout en faisant l'expérience de la béatitude, choisit de descendre au niveau des gens ordinaires afin de les aider à évoluer spirituellement.

pleurer, puis elle restait immobile comme une statue. Quand elle émergeait de son extase, elle nous demandait de poursuivre la litanie là où nous nous étions arrêtés, mais ensuite, juste après les quelques mantras suivants, elle retombait en extase. Habituellement, il faut environ une heure pour réciter l'*archana*, mais cette fois-là, il nous a fallu cinq heures.

Amma a essayé de chanter toute seule les mille noms de *Dévi* à de nombreuses reprises, mais elle n'a jamais pu aller jusqu'au bout, car elle entre en *samadhi* avant. (Naturellement, Amma n'a nul besoin de faire l'*archana*, car elle est une avec la Mère Divine. C'est seulement pour donner l'exemple aux autres qu'elle accomplit des pratiques spirituelles.)

Les premières années, Amma ne voyageait pas beaucoup et il y avait peu de programmes à l'extérieur de l'ashram. Amma n'avait pas encore mis en place ses institutions caritatives. Lorsqu'elle avait fini le *darshan* pour les dévots qui venaient à l'ashram chaque jour et donné quelques instructions aux *brahmacharis*, elle pouvait passer quelques heures en *samadhi*. À présent, elle a tant à faire, tant d'activités à mener qu'il lui reste très peu de temps pour elle-même. Des milliers de gens se présentent quotidiennement pour le *darshan*. Son vaste réseau d'institutions éducatives et d'activités humanitaires ne cesse de se développer.

Amma dit que la compassion est l'expression naturelle de l'amour. À cause de cette compassion débordante qu'elle éprouve pour nous, Amma consacre chaque instant de sa vie à conseiller, consoler et servir ses enfants, sans jamais perdre sa paix intérieure.

À nos yeux, les maîtres réalisés peuvent sembler avoir quelques désirs simples, mais ce n'est pas réellement le cas. S'ils en ont, ce n'est que pour retenir le mental sur notre plan de conscience afin de faire évoluer l'humanité.

Observer les actions désintéressées des maîtres réalisés nous donne envie de les imiter. Cela nous aide à renoncer à satisfaire nos désirs égoïstes. Les *brahmacharis* d'Amma en sont un bon exemple. Quand nous sommes venus à Amma, nous avions tous de nombreux désirs. Je suis allé la voir pour obtenir une mutation dans une banque plus proche de ma ville natale. Un autre *brahmachari* lui a demandé sa bénédiction pour avoir de bons résultats à ses examens.

Quand Swami Pournamritananda (appelé alors Br. Sreekumar) a terminé ses études d'ingénieur, son père lui a trouvé un poste dans un institut de recherches renommé de Bangalore. Comme il vivait d'ores et déjà la plupart du temps à l'ashram, et que ses parents et la majorité des membres de sa famille étaient devenus des dévots d'Amma, il ne s'attendait pas à ce que son père lui demande d'aller travailler à l'extérieur. Mais autant ses parents aimaient Amma, autant ils avaient peur de perdre leur fils s'il devenait renonçant. Ils nourrissaient encore des rêves de succès dans le monde pour lui. C'est pourquoi son père avait arrangé cet emploi à Bangalore.

S'éloigner de l'ashram était la dernière chose que Swami Pournamritananda souhaitait, mais Amma a insisté pour qu'il essaie ce travail au moins quelques jours. Amma et plusieurs dévots l'ont accompagné à la gare pour un adieu baigné de larmes. Tandis que le train s'éloignait à vive allure, Swami Pournamritananda resta à la fenêtre à dévorer des yeux les silhouettes d'Amma et des dévots qui s'effaçaient dans le lointain. Il sanglotait, le cœur brisé par cette séparation soudaine. À cette époque, il ne pouvait pas supporter d'être séparé d'Amma, ne serait-ce qu'un instant. La pensée qu'il était envoyé au loin pour une période indéterminée lui était intolérable.

Sans boire ni manger, il s'allongea sur la couchette supérieure. L'aube pointait quand il bascula dans le sommeil. Mais la sensation que quelqu'un lui passait la main sur le front le réveilla bientôt. Il ouvrit les yeux et ne put croire ce qu'il voyait. Amma était assise juste à côté de lui sur la couchette. Il ne rêvait pas, il était pleinement conscient. Il tenta de se redresser mais il ne pouvait ni bouger, ni prononcer un mot. Les yeux étincelants, Amma aussi restait muette. Quelques minutes se sont écoulées en *darshan* silencieux. Tout à coup, Amma a disparu. Il a fermé les yeux et s'est mis à méditer.

Il a passé le reste du trajet dans ce souvenir plein d'amour d'Amma et on a dû le secouer pour le sortir de sa méditation quand le train est arrivé à son terminus de Bangalore.

Un membre de l'institut de recherches l'attendait à la gare. Ce dernier n'arrivait pas à comprendre son humeur maussade : « N'êtes-vous pas heureux d'avoir obtenu ce travail ? Un poste dans notre institut est le rêve de beaucoup de jeunes gens. » Swami Pournamritananda restait silencieux.

Mais au bout d'un moment, sentant que son comportement était déplacé, il dit à son collègue qu'il avait le mal du pays. Celui-ci se montra chaleureux et plein d'égards. Avec une attention toute maternelle, il prépara le repas et l'invita à manger, en restant assis à ses côtés. Swamiji sentit clairement la présence d'Amma se manifester à travers son collègue.

Le lendemain, Swami Pournamritananda a commencé à travailler à l'institut. Cet emploi correspondait à ce dont il avait toujours rêvé quand il était étudiant, mais maintenant, cette situation qui couronnait ses études supérieures ne lui inspirait que du mépris. Le directeur de recherches l'a pris tout de suite en amitié et le couvrait d'éloges, mais Swami Pournamritananda restait indifférent. Il passait ses journées là-bas, seul et renfermé.

Souvent, Amma lui révélait clairement sa présence par certains signes. Pendant son sommeil, il avait l'impression qu'une pluie de fleurs tombait sur lui. À d'autres moments, le doux parfum qui accompagne toujours Amma remplissait l'air et le tintement de ses bracelets de chevilles ou bien le son de sa voix résonnaient dans ses oreilles. Plus tard, Amma lui a confirmé que tous ces signes avaient pour but de l'aider à comprendre qu'Amma n'était pas confinée aux limites du corps physique et qu'elle était toujours avec lui.

Les semaines se traînaient avec une lenteur terriblement douloureuse. Il recevait de nombreuses lettres de consolation d'Amma, et pourtant il arrivait à peine à se résoudre à les lire. Souvent il pensait à retourner à l'ashram, mais à chaque fois, Amma lui apparaissait en rêve et lui disait de persister. Il avait peur de lui désobéir et décidait donc de rester.

Un jour, il confia sa peine au collègue de l'institut qui lui avait témoigné tant de sollicitude. Ce soir-là, dans l'espoir qu'il trouverait un peu de paix, le représentant l'emmena dans un endroit solitaire, un lieu d'une grande beauté naturelle tout en escarpement de collines à pic et de gros rochers. Ils escaladèrent lentement l'un d'eux, s'assirent au sommet et se mirent à parler d'Amma. Il était minuit. Son compagnon s'allongea pour dormir et Swami Pournamritananda ferma les yeux, restant simplement assis là. Une pensée étrange lui traversa l'esprit : « C'est le corps physique qui me sépare d'Amma. Je vais donc le détruire. » Il se leva, et, s'assurant que son collègue dormait toujours, s'approcha doucement du bord de la falaise, les yeux rivés sur le gouffre béant en contrebas. Puis il ferma les yeux et pria pendant quelques secondes pour renforcer sa résolution. Les genoux pliés, il s'apprêtait à rejoindre la mort, quand juste au moment où il allait sauter, il fut soudainement tiré par derrière, et tomba à la renverse. Il regarda autour de lui pour voir qui l'avait empêché de faire son saut fatal, mais son confrère était toujours paisiblement endormi et il n'y avait personne d'autre en vue. Il sut alors que c'était Amma et elle seule qui l'avait retenu.

Il s'est assis et a médité sur Amma dont la voix résonnait à l'intérieur de lui : « Mon enfant, le suicide est pour les lâches. Le corps physique est précieux. C'est l'instrument grâce auquel nous pouvons connaître *l'Atman*, grâce auquel beaucoup trouvent la paix . Ne le détruis pas. Te tuer serait le plus grand mal que tu puisses m'infliger. Surmonte les difficultés. Sois courageux. Je suis avec toi.» Finalement, Amma a autorisé Swami Pournamritananda à revenir à l'ashram.

Avant de connaître Amma, il avait l'ambition de devenir ingénieur dans une entreprise de premier ordre. Après l'avoir rencontrée, même le travail de ses rêves n'a pas pu le satisfaire. Son seul désir était de rester en sa compagnie. Ce désir éliminant tous les autres désirs promettait de le conduire au-delà de tout désir.

La compagnie d'un *Satgourou* est le meilleur moyen pour réduire ou surmonter nos désirs, même s'ils sont profondément enracinés. Il arrive que la simple vue d'un *mahatma* suffise à nous aider à contrôler nos désirs les plus forts.

On peut se demander : « Je suis arrivé à un point où je n'ai plus de désirs. Je suis satisfait et content de ma vie. Si je n'ai plus aucun désir ni plus aucune attente, pourquoi devrais-je continuer à agir ? Pourquoi ne pas juste m'asseoir tranquillement ? »

Cette attitude n'est que de l'oisiveté. Il se peut que nous n'ayons plus de désir intense ni d'ambition, mais il restera encore des *vasanas* négatives accumulées en nous. Si nous ne cherchons pas à nous en débarrasser, elles vont ressurgir à n'importe quel moment et nous créer des problèmes. Quand nos tendances négatives se réveillent, elles peuvent nous pousser à faire de mauvaises actions. C'est pourquoi Amma nous demande à tous d'accomplir quelque service désintéressé et des pratiques spirituelles. Le service désintéressé, le fait de servir le maître spirituel, suivre ses instructions dans nos pratiques spirituelles et notre vie quotidienne… Tout cela nous aide à nous débarrasser de nos tendances négatives.

Il est important, pour un chercheur spirituel, de surmonter ses *vasanas* négatives, parce qu'elles empêchent de réaliser Dieu. Si nous avons des tendances négatives, nous ne pouvons pas méditer correctement, ni effectuer nos pratiques spirituelles, ni ressentir la présence de Dieu. Quelle est la cause de ces négativités ? C'est l'ignorance. Nous ignorons notre véritable nature. Au lieu de nous identifier à *l'Atman* ou au Soi universel, nous pensons être le corps physique, le mental et l'intellect. Nous essayons de satisfaire leurs désirs par des moyens plus ou moins loyaux. Comme nous l'avons déjà dit plus tôt, lorsque nous répétons ce genre d'actions à maintes reprises, cela crée une *vasana* en nous. C'est pourquoi, l'ignorance de notre nature réelle est la cause de toutes nos négativités.

Bien entendu, les *vasanas* ne sont pas toujours mauvaises. En pratiquant le service désintéressé, des disciplines spirituelles et en servant notre maître spirituel, nous créons des tendances positives qui lentement purifient nos pensées et nous rendent aptes à recevoir la grâce de Dieu.

Amma dit souvent que ce que nous faisons de façon répétée devient une habitude, et qu'après une longue période, nos habitudes forment notre caractère, et qu'un bon caractère est la condition fondamentale pour progresser spirituellement. Il arrive parfois qu'une transformation soudaine provoquée par la rencontre d'Amma ne dure pas, et que nous reprenions nos anciennes habitudes. Quand cela arrive, c'est parce que nous n'avons pas pris le soin d'assimiler les enseignements d'Amma ni de les mettre en pratique dans notre vie. Les *mahatmas* peuvent complètement transformer notre vie, mais la durée de cette transformation dépend entièrement de la façon dont nous réagissons à leur amour et à leur compassion. À moins que nous ne soyons prêts à faire quelques pas, main dans la main, avec notre maître, celui-ci ne peut pas nous guider jusqu'au but ultime.

# Chapitre 11

# *La puissance des habitudes*

Amma dit qu'il est très important pour un chercheur spirituel de développer de bonnes habitudes car les tendances négatives comme l'impatience, la jalousie ou le jugement des autres nous empêchent d'atteindre la paix mentale. Par son propre exemple, Amma nous encourage à cultiver de bonnes habitudes. Avec la patience, l'acceptation et l'amour d'une mère pour ses enfants, elle nous aide à surmonter nos habitudes négatives pour que nous soyons libres de savourer la vie et de continuer à nous consacrer à nos pratiques spirituelles avec une bonne concentration.

Amma raconte le souvenir suivant : une femme est venue au *darshan*. Après l'avoir serrée dans ses bras, Amma lui a demandé de s'asseoir un instant près d'elle. N'ayant jamais eu l'occasion de rester auprès d'Amma si longtemps, la dévote était si heureuse qu'elle a passé le reste de la soirée à raconter à tout le monde la chance qu'elle avait eue et quelle béatitude elle avait éprouvée. Le lendemain, elle est revenue au *darshan* et Amma l'a de nouveau appelée à ses côtés. Au comble du bonheur, elle pleurait de joie et de gratitude. Mais peu de temps après, elle a aperçu dans la ligne du *darshan* une femme qu'elle n'aimait pas parce qu'elle en était jalouse. Or, Amma lui a aussi proposé de s'asseoir à côté d'elle. Notre dévote en a été toute bouleversée. Sa jalousie a empiré et elle s'est même sentie fâchée contre Amma. Assise au même endroit que la veille, là où elle avait fait l'expérience de la béatitude, elle faisait maintenant celle de l'enfer.

Elle avait fait des heures supplémentaires toute l'année, économisant sou à sou pour venir voir Amma et goûter en sa présence des moments de joie. Elle n'avait pu l'approcher qu'après un trajet long et difficile, et elle en avait été amplement récompensée par la chance de s'asseoir près d'elle (ce qui est souvent difficile à cause des foules énormes qui se pressent autour d'Amma). Mais quand l'occasion tant attendue s'est présentée, elle n'a pas pu savourer la joie et la paix profonde qu'elle désirait . Elle est devenue si agitée qu'elle a quitté, sans qu'on le lui demande, la place inestimable qu'elle avait à côté d'Amma, tout cela à cause de la jalousie qu'elle entretenait.

S'il nous paraît difficile, aujourd'hui, de prendre de bonnes habitudes, il nous sera tout autant difficile de revenir aux anciennes, après avoir cultivé de nobles valeurs et des comportements positifs.

Il y a quelques années, un dévot qui avait réalisé un film malayalam, en a offert une copie à Amma avant la sortie sur les écrans, et lui a demandé de le regarder. Le film n'était pas essentiellement spirituel, mais il véhiculait de hautes valeurs morales. Pour lui faire plaisir, Amma a appelé tous les *brahmacharis* et décidé : « Regardons ce film. »

Mais moi, très fier d'avoir perdu tout intérêt pour le cinéma, j'ai dit aux autres: « Je n'ai pas envie d'aller voir ce film. Allez y sans moi ! » Amma n'a pas insisté pour me faire venir, mais à la fin de la projection, elle m'a appelé et m'a disputé : « Tu te prends pour un grand ascète ? Eh bien, puisque tu n'as pas fait ce que je t'avais demandé de faire, ce sont dix films que je vais regarder avec les *brahmacharis*, et ce sera sans toi ! » Alors, j'ai compris mon erreur. Il ne s'agissait pas d'avoir envie ou pas envie de voir des films, mais d'obéir aux instructions de mon maître spirituel.

Amma a regardé plusieurs films spirituels avec les autres résidents de l'ashram, et pour lui obéir, je me suis tenu à l'écart.

Mais comme toujours, sa rigueur a été tempérée par la douceur. Elle m'a invité un jour dans sa chambre à regarder avec elle un film spirituel.

Grâce au temps passé en présence d'Amma et aux efforts que nous faisons pour suivre son enseignement et son exemple, nous finissons par prendre de bonnes habitudes, et celles-ci seront aussi difficiles à casser que les mauvaises que nous avions auparavant. Une fois lancés sur les rails des bonnes habitudes, nous ne pourrons plus retourner aux anciennes. C'est ainsi que nous pouvons canaliser l'élan puissant de l'habitude pour nous propulser plus loin sur le chemin spirituel.

# Chapitre 12

## *L'attitude derrière l'action*

Il nous faut être vigilants non seulement vis-à-vis de nos actions, mais aussi vis-à-vis de l'attitude intérieure avec laquelle nous agissons. Car même une bonne action peut nous enfoncer davantage dans l'asservissement, si elle n'est pas accomplie avec l'attitude juste .

Dans la fameuse épopée indienne du *Mahabharata*, cinq frères appelés « les *Pandavas* » gouvernent le pays avec une grande justice. Un jour, l'un d'eux, nommé Bhima, organise une distribution de nourriture pour les pauvres. Comme il a invité les *rishis* (sages) du voisinage, il leur demande de veiller à ce que la distribution se déroule harmonieusement. Quand les pauvres ont tous été servis, les *rishis* s'assoient en compagnie de *Krishna*. Puis Bhima les appelle à venir se restaurer, mais ils hésitent à quitter l'endroit où se trouve le Seigneur, dans le seul but de manger. Alors *Krishna* les rassure : « Allez-y, je vous rejoindrai plus tard. »

Quand ils sont finalement installés dans le réfectoire, Bhima leur sert leur repas, et tout le monde commence à manger. Une grande quantité de nourriture a été préparée, mais les convives sont bien moins nombreux que prévu. Il semble évident qu'il va rester beaucoup de nourriture.

Bhima ne cesse de servir les *rishis* même s'ils sont rassasiés. Ceux-ci protestent : « Non, non. Nous n'en voulons pas autant. » Mais quand les sages refusent une autre portion, Bhima persiste à la leur donner et il se met en colère : « Que faire de cet excédent de nourriture ? » Il se fait insistant jusqu'à la menace : « Prenez-en encore, si vous refusez, vous manquez de respect au roi. »

Le Seigneur *Krishna* qui observe les faits et gestes de Bhima, l'appelle. Il s'approche respectueusement et *Krishna* lui dit que dans une forêt voisine vit un grand sage : « Je l'ai rencontré juste avant de venir ici. Il souhaite te donner quelques instructions. Tu dois aller le voir. »

Bhima obéit immédiatement à *Krishna* parce qu'il sait que *Krishna* est réellement Dieu. Alors, il se rend dans la forêt. Même de loin, il peut voir le *rishi* dont le corps rayonne d'une lumière dorée. « Qui est cet être ? Serait-ce un autre dieu ? » se demande Bhima très surpris et comme ensorcelé. Il marche en direction du sage rayonnant. Alors qu'il s'approche, il sent une odeur infecte. Bien que l'odeur lui soit intolérable, il continue à avancer parce qu'il veut saluer le sage. Mais au moment de l'aborder, il réalise que l'odeur nauséabonde émane du corps du *rishi*. La puanteur est telle que Bhima s'enfuit et retourne au palais. Il va tout droit trouver *Krishna* et lui demande poliment pourquoi il l'a envoyé rendre visite au sage qui sent si mauvais.

*Krishna* lui déclare : « On peut difficilement supporter l'odeur terrible de la chair qui se décompose, mais la puanteur de l'ego est pire encore. »

Bhima demande à *Krishna* ce qu'il veut dire.

Le Seigneur explique que lors de sa naissance précédente, ce sage était un grand roi qui aidait beaucoup ses sujets. Il nourrissait les pauvres, prenait soin des orphelins, respectait les saints et leur rendait hommage. Mais ce qu'il donnait, il s'attendait à ce qu'on l'accepte. Si les gens refusaient un cadeau, il les forçait. Il faisait de bonnes actions, mais d'une façon arrogante et égocentrique. Grâce aux mérites de ses bonnes actions passées, il est un *rishi* dans cette vie. Toutefois, il doit endurer les conséquences de son ancien orgueil par le biais de cette horrible odeur.

« Si tu forces les gens à accepter tes offrandes charitables, même quand ils ne les souhaitent pas, tu devras toi aussi en subir les conséquences. »

L'attitude avec laquelle nous agissons est donc très importante. Si nous faisons une bonne action sans avoir l'attitude juste, non seulement cela ne nous apportera pas le résultat escompté, mais cela peut également nous faire du mal.

Il y a, dans les *Pouranas,* une autre histoire qui illustre comment de bonnes actions peuvent entraîner de mauvais résultats, si notre attitude est incorrecte : *Daksha* organise un important *yagna* (sacrifice). Parce qu'il est l'un des *prajapati* (géniteurs) de l'humanité, il doit prendre soin de la race humaine pendant cette époque-là. *Daksha* invite tous les dieux à assister à la cérémonie, sauf *Shiva.* Il n'aime pas *Shiva* à cause de son allure. Avec les cheveux emmêlés, le corps tout couvert de cendres, des serpents autour du cou, une peau de bête couvrant sa taille et un bol de mendiant à la main, *Shiva* ressemble plus à un moine errant qu'à un dieu. Le fait que *Sati,* sa fille, aime *Shiva* et se soit mariée avec lui, augmente encore son aversion. En outre, lorsque, peu de temps auparavant, *Daksha* était entré dans une assemblée de *dévas* (êtres célestes) et de sages, tout le monde s'était levé en signe de respect…sauf *Shiva.* En tant que gendre, il était pourtant censé manifester son respect pour *Daksha,* mais il n'avait pas quitté son siège. C'est pour se venger de cet affront, que *Daksha* organise maintenant ce grand *yagna* sans y convier son beau-fils.

Mais quand les êtres célestes et les ministres se rendent comptent que *Daksha* n'a pas invité *Shiva,* ils lui conseillent de le faire car *Shiva* est le plus grand parmi les dieux et *Daksha* doit donc lui témoigner le respect qui lui est dû en le conviant à la cérémonie. En plus, lui rappellent ses ministres, *Shiva* est le premier maître spirituel et le plus avancé de la lignée des grands maitres. Selon la tradition indienne, aucune entreprise ni aucun rituel ne peuvent commencer sans d'abord invoquer le maître spirituel, puis Ganesh. Mais *Daksha* se montre inflexible.

*Sati*, la fille de *Daksha*, apprenant qu'un grand sacrifice est organisé, demande au Seigneur *Shiva* la permission de s'y rendre. *Shiva* lui répond : « Ton père va se conduire grossièrement envers toi parce que tu es mon épouse. Il va te ridiculiser et te traiter avec mépris. En plus, il ne t'a pas invitée. Tu ferais mieux de ne pas y aller. »

— Je n'ai pas besoin de son invitation. Après tout, on n'a pas besoin d'invitation pour aller chez son père. En plus, je voudrais le convaincre de te manifester le respect qu'il te doit, répond *Sati*, et passant outre, elle part assister à la cérémonie. Elle entre dans le palais où tous les dieux et les êtres célestes sont assis autour d'un grand feu allumé pour le sacrifice.

Comme l'avait prédit *Shiva*, quand *Daksha* voit *Sati*, il ne se montre guère respectueux et insulte son gendre : « Ton mari n'est qu'un mendiant et un fou. Est-ce parce qu'il ne possède qu'un bol à aumônes qu'il traîne dans les cimetières ? Il est tout juste bon à tenir compagnie aux morts. » Finalement, comme *Daksha* ne cesse de dire du mal de son époux, *Sati* n'en peut plus. Par ses pouvoirs yoguiques, elle crée un feu à l'intérieur d'elle-même et réduit son corps en cendres.

Lorsque *Shiva* apprend que *Sati* a renoncé à son corps, il devient furieux. Il rassemble son armée et l'envoie sur le lieu du sacrifice. *Daksha* est tué et le sacrifice totalement détruit. Effrayés par la fureur de *Shiva*, tous les autres *dévas* s'enfuient en courant pour avoir la vie sauve.

Plus tard, par compassion, *Shiva* ressuscite *Daksha* et remplace sa tête coupée par celle d'une chèvre. Alors, *Daksha* réalise son erreur et prie *Shiva* de lui pardonner.

À cause de l'attitude erronée de *Daksha*[3], ce grand sacrifice, considéré comme une des actions les plus justes, s'est terminé par une guerre et par la destruction. Ce qui démontre que, même un rituel, s'il est dénué d'humilité et de dévotion, peut engendrer des catastrophes.

Prenons l'exemple de la guerre du *Mahabharata*. Parce que les actions des iniques rois *Kauravas* détruisent l'harmonie du pays, et que tous les autres moyens diplomatiques ont été épuisés, le Seigneur *Krishna* conseille finalement à *Arjouna* et aux vertueux *Pandavas* de leur déclarer la guerre. Pendant cette guerre, sur les ordres de *Krishna*, *Arjouna* tue des centaines de milliers de personnes, y compris des membres de sa famille proche, afin de restaurer la justice et l'harmonie dans le monde. *Arjouna* ne veut pas combattre, mais il s'abandonne à la volonté du Seigneur *Krishna* et lui obéit implicitement. Ainsi, alors que le sacrifice de *Daksha* a abouti à une guerre, la guerre *d'Arjourna* est devenue une offrande à Dieu, par le seul fait de l'attitude prise par chacun d'eux.

---

[3] Cette histoire est pleine de symboles. Le mariage de *Sati* et de *Shiva* signifie en réalité que *Sati* accepte un maître spirituel contre l'avis, comme c'est souvent le cas, de ses parents qui souhaitent voir leur enfant réussir dans le monde. Le fait que *Sati* se sacrifie elle-même nous enseigne aussi qu'une fois que nous avons consacré notre vie à atteindre le but spirituel, nous ne devrions être attachés à rien d'autre. Amma donne l'image suivante pour illustrer cette erreur : vouloir ramer dans un bateau encore amarré. Nous n'arriverons jamais à atteindre l'autre rive de cette façon. En outre, nous ne devrions pas désobéir à ce que nous conseille le maître spirituel, (comme *Sati* qui a désobéi à *Shiva* en se rendant à la cérémonie), même si cela va à l'encontre de ce que nous souhaitons. *Daksha* représente l'ego qui s'attend à recevoir des marques de respect de tous, y compris des maîtres réalisés. Lorsque cette attente n'est pas satisfaite, la colère et l'envie se manifestent. La mort de *Daksha* symbolise la destruction de l'ego, tandis que sa nouvelle tête signifie la renaissance spirituelle. Une fois l'ego parti, toute hostilité s'évanouit et chaque parole devient une prière.

Nombre d'entre nous vénèrent et servent Amma, sans toutefois avoir toujours l'attitude adéquate. Un incident amusant me revient à l'esprit : durant un *darshan*, il faisait si chaud qu'une dévote a demandé à Amma la permission de l'éventer. Amma a acquiescé et cette dévote éventait Amma depuis un moment lorsqu'une autre femme est arrivée et a prié la première de lui passer l'éventail pour avoir la chance elle aussi de rafraîchir Amma. La première dévote inflexible, a répliqué : « C'est seulement à moi qu'Amma a dit de le faire. Je ne te passerai pas l'éventail. » La deuxième femme a attendu, mais la première n'a jamais cédé. N'y tenant plus, elle prend un autre éventail et se met, elle aussi, à éventer Amma. Mais la première veut donner plus d'air que la seconde, et agite l'éventail plus fort. Voilà la compétition commencée : c'est à qui fera plus de vent ! Au bout d'un moment, Amma suffoque et s'écrie : « Arrêtez, arrêtez ! Je ne veux pas qu'on m'évente. » Voilà comment un service rendu à Amma se transforme en nuisance pour elle, parce qu'il est rendu dans une attitude de compétition.

Quiconque passe du temps avec Amma aura une chance de la servir personnellement d'une manière ou d'une autre, comme de lui tendre le *prasad* qu'elle donne aux dévots, ou d'aider dans les queues d'attente pour le *darshan*. (Il existe également d'innombrables occasions de servir en participant aux activités spirituelles et humanitaires de l'ashram.) Amma crée ces occasions pour nous donner une chance de l'approcher et nous aider à recevoir sa grâce. Alors que ces occasions sont pour nous une chance incroyable, nos attitudes négatives nous empêchent la plupart du temps d'en recevoir tout le bénéfice.

Amma illustre ce dernier point avec l'histoire des deux disciples et du gourou. Deux disciples étaient toujours en compétition pour servir leur maître. Si le gourou demandait à l'un de faire quelque chose, l'autre était jaloux et lui cherchait querelle ou insultait celui qui avait la chance de servir. Le gourou leur conseillait souvent de se débarrasser de leur sentiment de rivalité et de leur jalousie, mais ils ne faisaient pas attention à ses paroles. À la fin, le maître prit cette décision : « Quelle que soit la tâche requise, je vais la partager entre eux. Je demanderai à chacun d'eux d'en faire la moitié, si bien qu'il n'y aura plus de compétition ni de haine entre eux. Si je souhaite que l'un m'apporte une boisson, la fois suivante, je la réclamerai à l'autre. »

Un jour, souffrant des jambes, le gourou décide d'appeler un disciple pour les masser. Mais il pense : « Oh non ! Si j'en fais venir un, l'autre va se mettre en colère contre lui. Il vaut mieux que je les convoque ensemble. » Il les appelle alors tous les deux, et propose à l'un de lui masser la jambe droite, tandis que l'autre lui massera la jambe gauche.

Les deux disciples ne se sentent plus de joie de masser chacun une jambe. Mais le maître s'endort, et dans son sommeil, veut se tourner sur le côté. Comme il est allongé sur le dos et veut se tourner sur le côté droit, il soulève naturellement sa jambe gauche pour la basculer sur la jambe droite. Le disciple qui masse la jambe droite lève les yeux et dit à l'autre : « C'est mon territoire. La jambe que tu masses n'a rien à faire ici. », car il pense que c'est l'autre qui a déplacé la jambe du gourou. L'autre disciple, sachant que c'est le maître qui a bougé sa jambe, ne répond rien, et continue à masser la jambe gauche, bien qu'empiétant sur le territoire de son rival.

Le premier disciple dit alors d'un ton brusque : « Je t'ai déjà dit de ne pas mettre ta jambe ici. C'est mon côté. Enlève-la de là. » Et joignant le geste à la parole, il remet la jambe à gauche. « Comment peux-tu faire ça ? C'est la jambe du gourou ! » s'écrie l'autre disciple, et sur ces mots, il repousse la jambe à droite. Et ils continuent à la bousculer de droite et de gauche jusqu'à ce que le premier disciple s'emporte, s'empare d'un gros bâton et lui en donne un grand coup.

Dans cette situation, qui souffre en réalité ? Les disciples rendaient un service personnel au gourou, mais à cause de leur jalousie et de leur possessivité, c'est le maître qui a dû souffrir. C'est aussi ce qui est arrivé à Amma quand les deux dévotes rivalisaient entre elles pour l'éventer.

Le maître spirituel répand continuellement sa grâce sur nous, mais c'est à nous de devenir un réceptacle adéquat. Accomplie avec l'attitude juste, n'importe quelle action ou presque nous rapproche de Dieu, alors que l'action la plus juste accomplie avec une mauvaise attitude empêche la grâce divine de nous atteindre.

Par exemple, les Écritures disent qu'il n'est pas mal de dire un mensonge si notre motivation est d'épargner les sentiments d'autrui. En 2004, pendant le Tour du Sud de l'Inde, Amma s'est rendue à Rameshwaram, dans le Tamil Nadou, à la pointe sud de l'Inde. Quelques jeunes gens se sont présentés ensemble au *darshan*. Le leader du groupe s'est écrié tout fort : « Amma ! Tu te souviens de moi ? » Avant qu'elle ne puisse répondre, il a poursuivi : « Amma, j'étais ton camarade de classe en quatrième ! » Nous tous qui nous trouvions près d'Amma étions certains qu'il ne disait pas la vérité. Le jeune homme semblait avoir au moins vingt ans de moins qu'elle. Il s'est tourné vers ses amis et a ajouté : « Amma et moi, nous étions dans la même classe au collège de la ville. » Nous nous attendions tous à ce qu'Amma le reprenne. Au lieu de cela, elle a confirmé sa prétention en disant : « Oui, oui ! », tout en l'embrassant affectueusement.

Nous avons voulu ensuite questionner Amma à propos de son étrange réponse, mais la foule était si grande que nous n'avons pas pu le faire. Plus tard, Amma a expliqué : « Amma n'a jamais fréquenté le collège de la ville de ce garçon. Amma n'a étudié qu'à l'école de Kuzhitura (un village proche de l'ashram), et elle n'a été en classe que jusqu'au CM1 [4]. Pourtant Amma n'a pas voulu dire au jeune homme qu'il avait tort. Il souhaitait probablement montrer à ses copains qu'il était un proche d'Amma depuis son enfance. Si Amma l'avait repris en présence de ses amis, elle lui aurait fait au cœur une très profonde blessure. Amma n'a pas voulu qu'il reparte le cœur gros, elle a préféré qu'il emporte avec lui un souvenir très doux de son *darshan*. »

Comme toujours, l'action d'Amma dans cette situation était en parfait accord avec les Écritures. Il y a un dicton dans les *Védas* qui conseille :

**Satyam bruyat, priyam bruyat, na bruyat satyamapriyam.**

*Dis la vérité, ne prononce que des paroles aimantes.*
*Ne prononce pas de paroles blessantes, même si elles sont vraies.*

Ainsi, nous ne pouvons pas affirmer que dire la vérité est toujours une bonne action et que proférer un mensonge est inévitablement une mauvaise action. Si notre intention est de blesser quelqu'un en disant la vérité, cela devient une mauvaise action. Si notre intention est de protéger quelqu'un en disant un mensonge, cela devient une bonne action.

Comment savoir si nous créons un *prarabdha* positif ou négatif, et si une action nous aide dans nos efforts à pouvoir recevoir la grâce divine ou si elle nous en empêche ? En fait, tout dépend de notre attitude intérieure ou de notre intention.

---

[4] Amma a quitté l'école primaire à l'âge de neuf ans, pour prendre soin de toute sa famille, car sa mère était tombée malade.

# Chapitre 13

# *Égoïsme et altruisme*

Une attitude désintéressée nous rapproche toujours d'Amma. Tous les mardis à *Amritapuri*, les résidents de l'ashram passent la matinée à méditer, puis Amma vient dans le hall du temple pour servir le déjeuner. Il y a habituellement une assez grande foule. Amma sert largement plus de deux mille repas. En recevant son *prasad*, un dévot a fait tomber par mégarde son assiette aux pieds d'Amma. L'assiette s'est retournée, répandant le curry et le riz sur le sol.

Comme il restait encore pas mal de monde qui attendait à la queue leu leu devant Amma, j'ai commencé à nettoyer les dégâts pour que les gens ne marchent pas dessus. Toutefois, alors que je ramassais à mains nues la nourriture éparpillée, il m'est venu à l'esprit que si j'avais les mains sales, il me faudrait aller les laver avant de manger mon *prasad*, et que pendant que j'y allais, Amma pouvait proposer à quelqu'un d'autre de s'asseoir là où j'étais assis, et je perdrais cette bonne place tout près d'Amma. Fort de ces pensées, j'ai arrêté de nettoyer ce qui avait été renversé.

Pendant ce temps, un autre *brahmachari* s'est agenouillé pour nettoyer le sol, les mains nues. Après avoir tout remis en ordre, bien qu'il ait les mains sales, il n'est pas parti se les laver. Il est simplement resté debout près d'Amma pour la regarder continuer à donner les repas. Quand son tour est arrivé de recevoir le *prasad*, il a pris son assiette et s'est tourné pour s'éloigner. Amma l'a arrêté et lui a demandé de s'asseoir près d'elle. Puis elle a invité tout le monde à manger. Juste au moment où ce *brahmachari* allait se mettre à manger, Amma lui a attrapé la main en disant : « Mon fils, tu as les mains sales. » Elle a pris une cruche d'eau et lui a lavé les mains. Et elle lui a aussi mis, de ses propres mains, quelques morceaux de nourriture dans la bouche.

Quand j'ai vu cela, j'ai su que j'avais fait une faute. Je n'avais pensé qu'à moi-même, alors que l'autre *brahmachari* n'avait songé qu'à servir Amma et les dévots en nettoyant le sol. J'avais commencé à nettoyer, mais mon égoïsme l'avait emporté sur mon désir de servir. J'étais motivé par le désir de rester près d'Amma, mais l'autre *brahmachari*, sans la moindre hésitation ou pensée pour lui-même a simplement fait ce qui était requis, et il a pu s'asseoir encore plus près d'Amma que moi. Alors que je réfléchissais à tout cela, Amma m'a regardé et a souri malicieusement.

De telles occasions d'attirer la grâce d'Amma nous sont souvent données. Mais, hélas ! mus par notre ego, nous les gaspillons la plupart du temps.

Un homme tombe dans un profond fossé et n'arrive pas à en sortir. Après un long moment, un passant entend ses gémissements et se penche au bord pour regarder. « Au secours ! crie l'homme dans le fossé. Je suis tombé là-dedans et je ne peux pas sortir ! »

Le passant se contente de hausser les épaules : « C'est votre *prarabdha*. Vous devez faire face aux conséquences de vos actions passées », et il continue sa route.

Au bout d'un moment, une autre personne aperçoit l'homme dans le fossé et l'interroge : « Que vous est-il arrivé ? »

— J'étais en train de marcher et je suis tombé dans le fossé, gémit la victime.

— Vous n'avez pas vu le signal affiché sur le bord de la route ? Il faudra être plus attentif dans le futur, conseille t-il avant de s'éloigner.

Un peu plus tard, une troisième personne marche le long du fossé et entend des gémissements. Elle regarde au bord et sans même demander ce qui est arrivé, descend dans le fossé, hisse sur son épaule l'homme qui est tombé et le sort de là.

Ces trois passants illustrent les trois façons de répondre aux malheurs d'autrui. Quand nous voyons quelqu'un souffrir, nous pouvons nous contenter de lui dire que c'est son *prarabdha* et le laisser se débrouiller avec tout seul. Une autre alternative est de lui donner des conseils et de lui montrer ses erreurs. Mais nous pouvons aussi accepter sa souffrance comme étant la nôtre, et faire le nécessaire pour l'en sortir. La plupart d'entre nous réagissent des deux premières façons. La troisième est celle d'Amma. Puissions-nous tous développer un cœur débordant de compassion capable de ressentir la souffrance des autres comme la nôtre. Cette attitude nous aidera à progresser sur la voie spirituelle et peut même transformer la société et le monde.

« Celui qui a de l'amour pour Dieu a certainement de la compassion pour ceux qui souffrent, explique Amma, la dévotion et le service désintéressé sont une seule et même chose, comme les deux faces de la même pièce. »

Juste avant le départ pour une tournée dans le Kérala, j'ai conduit au garage le bus de l'ashram, (à l'époque où il n'y en avait qu'un), pour une réparation. Ce qui n'était pas prévu au programme, c'est que cette réparation prenne plus d'une journée entière et que je doive dormir sur place. Je me suis allongé dans le bus, mais la réparation s'est poursuivie pendant toute la nuit : impossible de dormir. Finalement, le soir du deuxième jour, j'ai pu retourner à l'ashram. Á mon arrivée, j'ai vu qu'Amma et les *brahmacharis* avaient déjà traversé la lagune et attendaient le bus, car nous avions prévu de partir cet après-midi-là.

Je n'avais ni mangé, ni dormi, ni pris de douche depuis que j'avais quitté l'ashram la veille au matin, et je devais avoir l'air épuisé. Amma s'approcha et me demanda la cause de ce retard. Je lui racontai ce qui s'était passé puis je m'en allai démarrer le bus afin que nous puissions partir immédiatement. Mais elle me rappela et s'avança pour me serrer dans ses bras. Je lui dis : « Je t'en prie, Amma, ne me touche pas. Je ne me suis pas douché et je sens la transpiration. » Mes protestations restèrent sans effet. « La transpiration qui vient du service désintéressé est un parfum pour moi. » dit-elle en me prenant dans ses bras. Elle demanda ensuite à un autre *brahmachari* de conduire le bus et me fit asseoir à côté d'elle jusqu'à ce que nous stoppions pour le dîner.

Amma n'attend rien de personne en échange de la bonté et de l'amour qu'elle offre aux autres, mais elle est heureuse quand, à notre tour, nous aidons les autres. Nous pouvons le faire en travaillant de façon désintéressée pour alléger la souffrance des pauvres et des nécessiteux. Le monde d'aujourd'hui a besoin de gens sincères et désintéressés. Sinon, la souffrance et les problèmes ne feront qu'augmenter. Dans ce contexte, je me souviens de ce qu'a dit l'ancien Premier Ministre de l'Inde, Atal Behari Vajpayee, lors de l'inauguration de l'hôpital ultra moderne construit par Amma (AIMS) : « Le monde actuel a besoin d'exemples qui montrent que nos valeurs humaines sont utiles, que des qualités comme la compassion, l'altruisme, le renoncement et l'humilité ont le pouvoir de construire une société forte et prospère. L'œuvre d'Amma nous fournit la preuve dont nous avons tant besoin. »

Amma ne nous demande pas de faire ce qui est au-dessus de nos forces. Elle n'attend pas d'un poisson qu'il transporte un énorme fardeau, comme peut le faire une mule. Pas plus qu'elle n'attend d'une mule qu'elle nage dans l'océan. Amma voudrait seulement que nous vivions en êtres humains pleins de compassion, d'amour et d'attention.

# Chapitre 14

# Satsang : le premier pas dans la vie spirituelle

L e premier pas dans la vie spirituelle est le satsang. « Sat » signifie la « vérité suprême » et « sang » veut dire « association ». Donc, le sens réel de ce terme est « s'associer avec la vérité » ou « être en communion avec la vérité ». Cependant, comme nous en sommes pour la plupart incapables, la meilleure forme de satsang est l'association avec celui ou celle qui demeure dans la vérité. Et si nous ne pouvons pas passer du temps auprès d'un maître réalisé, essayons au moins de rechercher la compagnie des gens tournés vers la spiritualité. Grâce à leur présence, nous penserons à Dieu et n'oublierons pas le but de la vie humaine. C'est pourquoi Amma demande à tous ses dévots de se rassembler régulièrement pour chanter la gloire de Dieu, méditer, prier, lire des ouvrages spirituels et échanger sur ce sujet. Ceci aussi est considéré comme satsang.

Le fait de participer à une forme de *satsang*, quelle qu'elle soit, avec sincérité et concentration, crée des vibrations positives à l'intérieur de nous. Il y a tant d'attractions et de distractions dans le monde. En nous livrant aux nombreux divertissements que la société actuelle nous offre, nous créons dans notre esprit beaucoup d'agitation inutile, de la nervosité et de la tension. Le *satsang* nous permet de maintenir notre pensée au-delà de ces sollicitations et nous aide à rester relativement calmes et paisibles.

Un des tableaux les plus célèbres de Léonard de Vinci est la Cène. Les Italiens racontent qu'au moment de commencer cette œuvre, le peintre envoya des gens chercher de tous côtés un modèle qui lui permettrait de représenter Jésus, qu'il souhaitait peindre en premier.

On lui trouva le sujet qu'il fallait : un beau jeune homme bien droit aux manières parfaites. Il en fit le modèle de Jésus, et fut très satisfait du résultat. Il procéda de même pour les onze disciples, utilisant à chaque fois un autre modèle qu'il avait envoyé chercher. Plusieurs années avaient passé depuis qu'il avait commencé le tableau, et il ne restait plus qu'un disciple à représenter : Judas, celui qui a livré Jésus pour trente misérables pièces d'argent.

Une fois encore, le grand artiste envoya un groupe en quête du modèle. Cette fois la consigne était de dénicher un être dont l'apparence cruelle et l'allure mauvaise conviendraient pour évoquer Judas. Ils finirent par lui ramener un homme apparemment marqué par la colère, la haine et l'égoïsme. Comblé, Léonard de Vinci s'était mis à peindre le dernier disciple, lorsque son modèle éclata en sanglots. L'artiste s'arrêta de travailler pour demander à l'homme pourquoi il pleurait.

Celui-ci regarda le peintre et lui demanda : « Vous ne me reconnaissez donc pas ? »

Léonard scruta de plus près ce visage sans pouvoir le replacer dans sa mémoire et s'excusa : « Je suis sûr de ne vous avoir jamais vu. »

« Regardez votre tableau, je suis cet homme que vous aviez choisi, il y a bien des années, pour représenter Jésus. » répliqua le modèle.

Le peintre l'observa attentivement et vit que c'était vrai. Des années passées en mauvaise compagnie, à accomplir des actes égoïstes et blessants, avaient transformé en parfait modèle de Judas celui qui auparavant avait si bien représenté Jésus.

Nous sommes portés à développer les qualités et défauts de ceux à qui nous tenons compagnie ou avec qui nous nous associons. C'est pourquoi Amma accorde tant d'importance au *satsang*. Elle donne l'exemple suivant : en Inde, il existe des temples où des perroquets répètent les noms divins comme « Ram, Ram, Ram…» ou « Haré, Haré, Haré…» ou bien encore un mantra comme « Om Namah Shivaya.» Un perroquet qui réside près d'un temple peut répéter ces noms divins et ces mantras parce qu'il entend les dévots les psalmodier pendant leur visite. Mais si un perroquet niche par hasard près d'un marchand de vins où les clients boivent et échangent insultes et grossièretés, il n'apprend que des mots vulgaires.

Les gens sont plus ou moins tournés vers la spiritualité. Si une personne qui ne s'y intéresse que très peu, participe à un *satsang*, ce minimum d'intérêt peut être ravivé.

Amma dit que les mauvaises habitudes se répandent comme une traînée de poudre, alors que les bonnes habitudes prennent beaucoup plus de temps pour s'installer. Il suffit de goûter trois ou quatre fois à un petit plaisir pour en devenir complètement esclave. Par exemple, si nous buvons du café quatre jours de suite, le cinquième nous aurons mal à la tête si nous nous en abstenons. Mais quand il s'agit de bonnes habitudes, (comme garder un emploi du temps régulier pour nos exercices spirituels, ou parler avec bonté…), même si on nous explique des centaines de fois leur importance, nous ne nous y engageons pas sérieusement. Et quand nous ne les mettons pas en pratique, aucune migraine ne vient nous déranger !

Nos désirs et nos attachements nous tirent toujours vers le bas, dans les affaires du monde. C'est pourquoi nos pensées ont besoin de quelque chose pour les élever. Amma donne souvent cet exemple :

Si les scientifiques lancent une fusée dans l'espace, le premier étage de la fusée ne peut pas à lui seul mettre le satellite en orbite. Un deuxième étage propulseur est nécessaire pour aider la fusée à sortir de la force de gravité de notre planète. De la même façon, nos pensées sont piégées en orbite autour de l'ego. Si nous voulons nous en libérer, nous avons, nous aussi, besoin d'un second étage propulseur : c'est le maître spirituel. Le maître va nous tirer hors de la force d'attraction de l'ego et nous emmener tout droit vers Dieu. Quand tous les obstacles sur notre chemin seront écartés, nous pourrons dépasser toutes nos limites et connaîtrons la véritable liberté.

Avant de connaître Amma, nous n'étions peut-être pas du tout attirés par la spiritualité. Après l'avoir rencontrée, nous nous sommes intéressés aux pratiques spirituelles. Mais qu'un événement malheureux se produise dans notre vie, et notre intérêt peut disparaître aussi soudainement qu'il est apparu. Nous pouvons aussi tout oublier de la spiritualité quand tout se passe très bien pour nous, car nous pensons que nous n'avons plus besoin de Dieu ni de Son aide. Quand tout va bien, c'est le moment de se souvenir qu'il n'en est ainsi que par la grâce de Dieu. Le *satsang* sert donc à la fois à susciter notre intérêt, et à le soutenir à long terme.

Amma illustre le pouvoir du *satsang* par l'exemple suivant : si nous jetons dans l'eau un bout de fer, il s'enfonce. Mais si nous plaçons le même morceau de fer sur quelque chose d'insubmersible, comme un tronçon de bois, il flotte. De la même façon, le *satsang* peut empêcher nos pensées de se laisser totalement happer par les sollicitations du monde. Nous serons peut-être mouillés, mais nous ne nous noierons pas. Cela devient beaucoup plus facile si nous avons un *Satgourou*. Grâce à l'amour inconditionnel et à la compassion du *Satgourou*, et en observant l'exemple qu'il donne, nous pouvons surmonter bon nombre de nos désirs et de nos attachements égoïstes. Nous qui vivons auprès d'Amma, nous faisons par nous-mêmes l'expérience de cette affirmation. Innombrables sont ceux qui, après avoir rencontré Amma, ont renoncé à l'attraction qu'ils ressentaient pour divers objets du monde. Au lieu de courir pour accomplir et acquérir le plus de choses possible en ce monde, ils consacrent dorénavant leur temps libre à pratiquer leurs exercices spirituels et à servir les autres. Le grand maître spirituel Adi *Shankaracharya* a dit :

**satsangatve nissangatvam**
**nissangatve nirmohatvam**
**nirmohatve niscala tatvam**
**niscalaratve jīvan muktiḥ**

*Par le satsang nous devenons capables de surmonter*
*nos attachements. En surmontant nos attachements,*
*nous surmontons l'illusion selon laquelle les objets du*
*monde pourraient nous procurer un bonheur durable.*
*Lorsque nous surmontons cette illusion, le mental*
*devient calme et tranquille. Cette tranquillité mentale*
*nous libère de notre asservissement pendant que nous*
*vivons encore dans ce corps.*

Pendant un *satsang*, non seulement nous prions et méditons, mais nous débattons aussi de thèmes et de principes spirituels, ce qui nous aide à comprendre la nature des choses de ce monde. Nous commençons à analyser le monde rationnellement. Nous prenons conscience du fait que nous sommes attachés aux gens et aux objets, et que chaque fois que l'un d'eux change ou nous quitte, nous faisons l'expérience du chagrin. Quand nous comprenons que Dieu seul est éternel et que tout le reste va disparaître un jour, nous développons une attitude de détachement vis-à-vis de tout, sauf de Dieu ou de l'Atman.

Par le détachement, nous surmontons cette fausse idée selon laquelle « je ne peux pas être heureux si je n'ai pas un objet précis, une certaine personne, un succès particulier...etc.» Si nous sommes détachés de ces choses, nous cessons de leur courir après, et surmontons ainsi cette illusion. Par exemple un gros fumeur rencontre Amma pour la première fois. Il reçoit le *darshan*, puis s'assied près d'Amma pendant un moment. Quand il s'éloigne, il prend conscience que trois heures se sont écoulées. D'ordinaire, il aurait fumé au moins six cigarettes pendant ce temps-là, ou il aurait été très agité de ne pas pouvoir le faire. Pourtant, l'idée de fumer ne lui est pas venue une seule fois et il se sentait en fait bien plus heureux que d'habitude. Il comprend ainsi que sa croyance d'avoir besoin de cigarettes pour se sentir heureux n'est pas correcte. Par le *satsang* avec Amma, il a pu se détacher du tabac, ce qui lui permet de dépasser l'illusion qu'il lui faut fumer pour être heureux.

Avant de joindre l'ashram, un des *brahmacharis* avait pour ambition de devenir une vedette du cinéma. Il sentait que s'il n'arrivait pas à devenir un acteur célèbre, sa vie serait gâchée. En fait, il est venu voir Amma pour recevoir sa bénédiction afin d'atteindre le but qu'il s'était fixé. Quand il a rencontré Amma, il a été bouleversé par son amour et il est resté à l'ashram pendant quelques jours. Lorsqu'il est rentré chez lui, il a constaté que son désir de demeurer près d'Amma était si fort qu'il est retourné à l'ashram et n'en est plus jamais reparti. Son envie de devenir une star est complètement tombée. Grâce à son amour pour Amma, il s'est détaché du monde et a surmonté ses notions erronées de bonheur et de satisfaction.

Lorsque ces illusions s'évanouissent, le mental se tranquillise et s'apaise. Mais quand nous sommes sous le joug de l'illusion qui consiste à croire qu'un objet précis va nous rendre heureux, nous nous efforçons de l'obtenir. Que nous l'obtenions ou pas, nos efforts agitent nos pensées. Une fois débarrassé de cette illusion, le mental est au repos, calme et tranquille.

Le mental immobile et paisible nous donne une concentration aiguë pendant nos exercices spirituels, ce qui nous emmène au but ultime, jusqu'à l'état de *jivanmukti* (libération alors que nous sommes encore incarnés).

Dans cet état, rien ne nous influence plus. Sans l'aide d'aucun objet ni de personne, nous nous sentons totalement heureux et comblés, nous avons atteint le succès ultime.

Amma donne un autre exemple au sujet des perroquets : supposons que nous entraînions un perroquet à réciter des mantras. Il va les répéter, mais que se passe-t-il si nous le laissons hors de sa cage et qu'un chat l'attrape ? Le perroquet ne va pas psalmodier à ce moment-là ! Il va plutôt crier selon son instinct. C'est parce qu'il n'a pas les mantras très profondément gravés en lui. Pour bénéficier pleinement d'un *satsang*, il faut l'accueillir avec un cœur ouvert. Amma répète souvent que lorsque nous visitons une usine de parfums, nous en sortons tout embaumés, même si nous n'avons essayé aucun échantillon ; de même, si nous allons voir un *mahatma*, nous en recevons forcément quelques bienfaits. Et, plus nous sommes réceptifs et libres de toutes notions préconçues, plus nous pouvons bénéficier de cette entrevue. Les semences de la grâce ne germent pas sur les rochers arides de l'ego, mais dans la terre fertile d'un cœur d'enfant où elles poussent et produisent une récolte abondante.

En tant que chercheurs spirituels, essayons de participer, aussi souvent que possible, à une forme ou une autre de *satsang*.

# Chapitre 15

# *Pèlerinage ou pique-nique*

Tôt ou tard dans leur vie, de nombreux Indiens entreprennent un pèlerinage. Dans un sens, un pèlerinage est aussi considéré comme un satsang, car se rendre dans un endroit sacré nous aide à concentrer notre pensée sur le but spirituel.

En fait, le pèlerinage est très simple : on voyage jusqu'à un temple ou un lieu saint et l'on revient chez soi. De nos jours, cependant, les pèlerins croisent maintes attractions le long du trajet. Ils passent devant des restaurants tentants, des hôtels sympathiques, des cinémas, des centres commerciaux, et parfois même devant un cirque ou un spectacle de magie. S'ils ne sont pas vigilants, ils se laissent distraire par ces choses, oublient le but réel de leur périple, et transforment leur pèlerinage initial en pique-nique de vacances.

L'un des dévots d'Amma m'a raconté une histoire. Un de ses amis était parti en pèlerinage à un célèbre temple de Shiva dans le Nord de l'Inde. À son retour, ce dévot est passé lui rendre visite. Quand il est entré chez son ami, il a vu une photographie grandeur nature de son hôte assis à califourchon sur un dromadaire. Le dévot a interrogé son ami : « Qu'est-ce que c'est que ça ? Quand es-tu monté sur un dromadaire ?

— Quand j'ai visité le temple de Shiva, a répondu le voyageur.

— Il t'a fallu partir en pèlerinage pour monter sur un dromadaire ? Tu aurais pu faire ça au village voisin, s'est exclamé le dévot.

Son but avait été d'aller rendre hommage au Seigneur Shiva, et de rentrer. Au lieu d'acheter une image de Shiva, il avait acheté une très grande photo de lui-même assis sur un dromadaire. Vous voyez comme le mental se laisse distraire ? Les flaireurs de bonnes affaires connaissent cette tendance du mental à la dispersion : ils savent que même les gens qui partent en pèlerinage ne sont pas complètement centrés sur Dieu. Et ainsi, on peut les voir, dans les lieux de culte et de pèlerinage les plus sacrés de l'Inde, en train de gagner de l'argent par toutes sortes de moyens, des promenades à dos d'éléphant, de cheval ou de dromadaire, jusqu'aux restaurants pittoresques, aux hôtels cinq étoiles ou aux pizzerias, en passant même par les magasins spécialisés dans les vidéos….

Nous sommes tout naturellement attirés par ces distractions et pensons : « Oh ! Je ne suis pas encore monté sur un dromadaire, c'est l'occasion ou jamais ! » Même si nous partons en pèlerinage, il nous est difficile de nous concentrer sur le but de notre voyage.

Il y a quelques années déjà, pour satisfaire le désir de quelques *brahmacharis*, Amma nous a emmenés en pèlerinage à *Tirouvannamalai*, un lieu saint du Tamil Nadou où se trouvent l'ashram de Sri Ramana Maharshi et la montagne sacrée Arounachala. Nous sommes restés là-bas deux jours. Le premier matin, selon notre habitude, nous nous sommes levés avant l'aube, et nous avons médité et récité nos prières. Amma nous a emmenés visiter le temple et entraînés jusqu'au sommet de la montagne. De retour à notre lieu d'hébergement, Amma s'est retirée dans sa chambre et nous a laissés seuls, car nous étions fatigués de notre excursion. Après un bon repas, nous avons passé l'après-midi à bavarder et à nous reposer sans faire aucune pratique spirituelle.

Ce soir-là, après les *bhajans*, Amma nous a demandé comment nous avions employé la journée. Comme nous n'avions rien fait de valable, nos réponses laissaient à désirer. Après nous avoir écoutés, Amma est repartie dans sa chambre sans dire un mot.

Le lendemain matin, nous nous sommes de nouveau levés à l'heure habituelle. Normalement, la première chose que nous faisons au réveil, c'est de prendre une douche. Selon la tradition, on doit se laver avant de commencer ses prières matinales. Toutefois, par paresse, certains hésitaient à faire leur toilette si tôt. Bien que la température extérieure ne soit pas très basse, nous nous sommes convaincus qu'il faisait trop froid pour nous doucher.

C'est alors que quelqu'un a crié qu'Amma était sortie. Nous avons regardé dehors et aperçu Amma en train de marcher en direction de la route d'Arounachala, en compagnie de Swami Paramatmananda qui s'est retourné pour nous annoncer qu'Amma s'apprêtait à faire le tour de la montagne. Quand nous avons réalisé qu'Amma était déjà sur le départ, nous qui, un instant auparavant, étions pleins de paresse, avons rapidement pris une douche et couru après elle.

Sur la route autour de la montagne, Amma s'est arrêtée devant chaque autel et chaque grotte et nous a demandé de répéter trois fois « Om ». À certains endroits, elle nous a fait asseoir pour méditer. Il faut généralement environ une heure et demie pour faire le tour de la montagne, mais nous avons mis six heures. Nous avons passé le reste de la journée à méditer et à chanter des *bhajans*. Plus tard Amma nous a dit que si elle n'était pas sortie ce matin-là, nous aurions aussi gaspillé la deuxième journée de notre pèlerinage. Elle nous a donné l'exemple elle-même de la conduite à tenir pendant un pèlerinage.

Nous devons être très attentifs et vigilants, même lors de pratiques spirituelles apparemment simples comme de se rendre en pèlerinage. Car la moindre négligence peut nous faire manquer le but. Que dire alors des pratiques plus subtiles, comme la méditation ? Soyons extrêmement vigilants. Mieux vaut pour un chercheur spirituel s'éloigner chaque fois qu'il le peut de toute distraction et diversion.

Au Kérala, au milieu de la forêt, il y a un temple célèbre appelé *Sabarimala*. La forêt abrite beaucoup d'animaux sauvages comme des tigres, des éléphants et des ours. Jusqu'à il y a environ trente ans, c'était une excursion dangereuse. Maintenant, une route traverse la forêt et le trajet est bien moins hasardeux.

Le temple est dédié au Seigneur *Ayyappa*. La tradition de ce temple exige des pèlerins d'observer des vœux stricts pendant quarante et un jours avant leur départ. Pendant cette période, ils doivent pratiquer le célibat, s'abstenir de fumer, de manger de la viande et de boire de l'alcool. Dans le passé, les pèlerins voyageaient à pied. Ils préparaient leur nourriture et dormaient le long de la route. Ils étaient à la merci de la nature, transpercés par la pluie ou cuits par le soleil. Ils portaient sur la tête un ballot contenant des noix de coco, du beurre clarifié et du riz, en offrande pour leurs rituels dans le temple. S'ils ne portaient pas ce ballot, ou *iroumoudi*, on ne les laissait pas entrer dans le temple. Par tout ce *tapas* (austérités), ils exprimaient leur dévotion envers Dieu. Le temps qu'ils rentrent chez eux, ils avaient accumulé une certaine énergie spirituelle en renonçant à tous leurs conforts et en suivant une discipline si rigoureuse.

De nos jours, la plupart des gens ne respectent pas strictement toutes ces règles. Peu de gens se soucient encore d'observer les vœux pendant quarante et un jours. Plutôt que de marcher, la plupart prennent le bus. Si vous n'avez pas *d'iroumoudi*, vous n'êtes pas autorisé à monter les dix-huit marches sacrées de l'entrée principale du temple, mais il est possible d'entrer par le côté ou par l'arrière. Beaucoup dorénavant préfèrent prendre tous ces raccourcis. En agissant ainsi, ils perdent pourtant l'essentiel de la raison du pèlerinage. Il n'y a pas que la destination finale qui compte. Les efforts que nous faisons, et les règles que nous observons tout le long du chemin sont très importants, car ce sont eux qui nous donnent une certaine force spirituelle et nous permettent d'attirer la grâce de Dieu. N'espérons pas nous rendre à *Sabarimala* en voiture, y entrer par la porte de derrière et recevoir les mêmes bienfaits que ceux qui ont entrepris le pèlerinage avec sincérité.

Amma raconte la plaisanterie suivante : un garçon rentre un jour de l'école avec un grand sourire. Le père demande à son fils : « Qu'est-ce qu'il s'est passé à l'école aujourd'hui ? Qu'est-ce qui te rend si heureux ? »

— Aujourd'hui, j'ai couru le quatre cents mètres en vingt secondes, répond l'enfant.

— Quoi ? Même le record du monde fait plus du double ! Comment as-tu pu le faire en seulement vingt secondes ?

— J'ai pris un raccourci, dit le gamin.

Si le garçon a pris un raccourci, comment peut-il appeler sa course, un quatre cents mètres ? De même, si nous ne suivons pas les règles requises, l'esprit du pèlerinage lui-même est perdu. Le but d'un pèlerinage est d'attirer la grâce divine, mais même pour cela, nous voulons prendre un raccourci. En vérité, il n'existe pas de raccourci pour recevoir la grâce divine.

Un dévot reçoit un jour une vision de Dieu. En Le voyant, il Le remercie d'être apparu et chante Ses louanges. Dieu reste devant lui pendant longtemps et le dévot peut éclaircir tous ses doutes et ses problématiques de foi. Et pourtant Dieu reste toujours là. Alors le dévot pense à L'interroger sur Son royaume : « Ô Seigneur, à quoi ressemble le Temps dans les Cieux ? »

Dieu sourit et répond : « Un million d'années terrestres équivaut seulement à une minute chez nous. » Le dévot ébahi s'aventure à poser une autre question : « Ô Seigneur, quelle valeur a notre monnaie dans les Cieux ? »

« Un Euro de mon royaume vaudrait un million d'Euros sur la Terre. » révèle le Seigneur.

Le dévot n'en croit pas ses oreilles. Il a encore une question à poser : « Ô Seigneur miséricordieux, s'il en est ainsi, pourrais-Tu s'il Te plaît me donner un Euro divin ? »

« Certainement, dit le Seigneur, attends juste une minute ! » Amma répète incessamment que la grâce de Dieu ne peut s'obtenir qu'en faisant des efforts sincères. Pour beaucoup, se rendre à l'ashram d'Amma exige un long voyage en avion, en train et en voiture, et vivre à l'ashram peut s'avérer bien moins confortable que la vie qu'on mène d'ordinaire chez soi.

De nos jours, on trouve à l'ashram les services essentiels et on peut même consulter son E-mail. Dans les débuts de l'ashram, la situation était très différente. Souvent nous n'avions pas d'électricité. Il n'y avait pas l'eau courante. Nous devions transporter l'eau depuis le robinet du village. Il arrivait parfois que ce robinet n'ait plus d'eau pendant plusieurs jours, alors il nous fallait aller au village de l'autre côté de la lagune, juste pour avoir de l'eau potable. Au début, il n'y avait même pas d'endroit pour dormir. Comme les sœurs d'Amma vivaient dans la maison familiale, les parents d'Amma refusaient que les *brahmacharis* entrent dans la maison pendant la nuit. Nous dormions dehors, sur le sable. S'il pleuvait pendant la nuit, nous allions nous asseoir à l'intérieur du temple. Voyant notre triste sort, Amma refusait aussi de dormir dans la maison. Très souvent, la nuit, elle ne dormait pas du tout. D'autres fois, elle dormait dehors, allongée devant la maison, à quelque distance des *brahmacharis*.

Plus tard, Swami Paramatmananda (appelé à l'époque Br. Nealu) est venu vivre à l'ashram, et il avait assez d'argent pour construire une petite hutte. Il y avait une cuisine, une pièce pour garder les provisions et juste assez de place pour que quatre ou cinq d'entre-nous y dorment. Nous avions désormais une cuisine, mais, la plupart du temps, il n'y avait pas assez de provisions pour préparer un repas. Les dévots apportaient parfois de la nourriture pour nous, mais si d'autres arrivaient, Amma utilisait cette nourriture pour eux. Elle insistait toujours pour que les dévots reçoivent quelque chose à manger quand ils venaient à l'ashram, même si cela signifiait qu'elle et les *brahmacharis* se passeraient de repas. Dans ce cas, Amma allait parfois dans les maisons voisines recevoir *bhiksha* (des offrandes de nourriture) pour nous. C'était là une vie difficile sous toutes ses formes. Nous n'avons pourtant jamais ressenti la moindre souffrance. Nous étions si concentrés sur Amma que les conforts habituels du monde, y compris les nécessités de base comme la nourriture, l'eau et un toit, ne nous manquaient pas.

Plus tard, quand nous avons reçu plus de moyens, Amma n'a accordé que le minimum de confort à l'ashram. Elle voulait inculquer un esprit de renoncement à tous ceux qui y venaient : « Lorsque les gens se rendent à l'ashram, ils renoncent au moins à quelques-uns de leurs conforts. De cette façon, ils obtiennent un bénéfice spirituel.» a-t-elle expliqué. Amma tient beaucoup à ce que, quand vous venez dans son ashram, après avoir dépensé tant d'énergie, d'argent et de temps, vous repartiez chez vous avec la force spirituelle que vous avez reçue. C'est pourquoi même aujourd'hui, alors que des gens du monde entier viennent à l'ashram, ce n'est pas un lieu confortable pour passer ses vacances. Vous avez à faire des sacrifices pour y rester.

Donc, pour les enfants d'Amma, venir à *Amritapuri* peut s'avérer être un grand pèlerinage. Mais quand nous nous y rendons, essayons d'accomplir ce pèlerinage dans un état d'esprit approprié. Si nous avons à nous accommoder du manque de confort ou à faire un petit sacrifice, considérons cela comme un moyen de développer une force spirituelle et devenir apte à recevoir la grâce divine d'Amma.

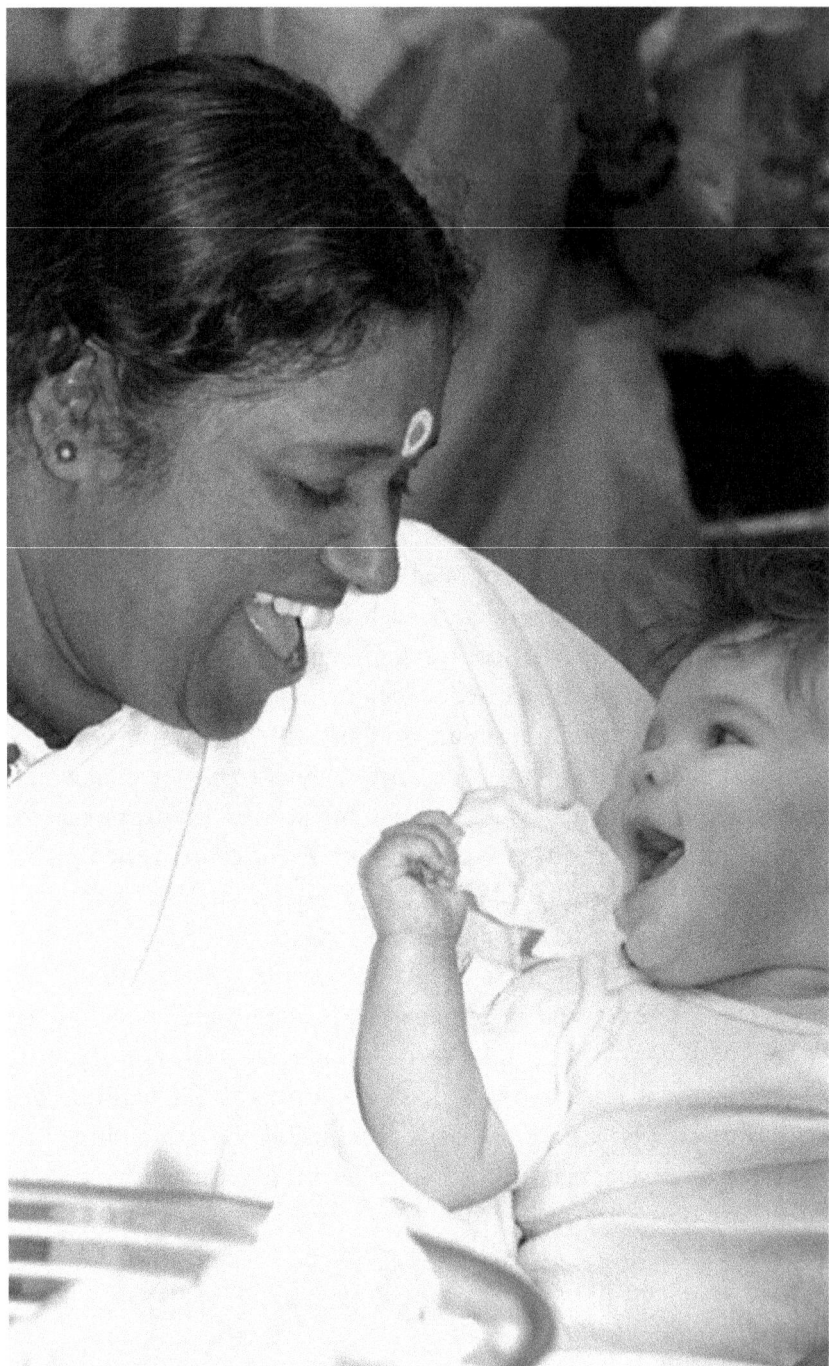

# Chapitre 16

## *Le pouvoir unique du discernement*

Les êtres humains ont certaines choses en commun avec tous les autres êtres vivants : le besoin de nourriture, de sommeil, de reproduction et de sécurité. Mais ils ont aussi une qualité spécifique qui les range à part des autres espèces. Non, ce n'est pas l'intelligence, car les animaux, eux aussi, sont intelligents, dans une certaine mesure. Ce qui rend les êtres humains uniques est le pouvoir de discernement. Pour une personne ordinaire, discerner signifie distinguer entre le bon et le mauvais ou entre ce qui est bienfaisant et ce qui est nuisible. Or pour un chercheur spirituel, discerner signifie non seulement tout cela mais plus encore. Un chercheur spirituel doit être capable d'utiliser son discernement pour distinguer le permanent, Dieu ou la Vérité, de ce qui est éphémère ou changeant.

L'intelligence qui a créé la prospérité a aussi engendré la misère et la souffrance. C'est que nous n'utilisons pas notre pouvoir de discerner correctement. L'intelligence sans discernement entraîne la destruction. Quand des êtres humains commettent des viols, des meurtres, des attaques terroristes, quand ils usent de violence ou mettent en place des circonstances engendrant pauvreté et famine, c'est parce qu'ils n'utilisent pas leur discernement. Si nous utilisions nos facultés physiques, mentales et intellectuelles pour servir les autres, essuyer leurs larmes et alléger leur souffrance, nous transformerions le monde en paradis. Pour cela, nous devons faire preuve de discernement. Quand nous associons discernement et intelligence, nous employons nos capacités humaines pour promouvoir l'harmonie et la bonne volonté dans toutes les relations humaines. Cela signifie agir de manière aimante, affectueuse et désintéressée. Ce qui aide non seulement le monde, mais aussi ceux qui agissent de cette façon. Car lorsque nous utilisons notre discernement pour accomplir de bonnes actions, le mental se purifie et s'ouvre.

Malgré tout le pouvoir que les humains ont acquis, explique Amma, il reste une quantité de choses qui échappent à leur contrôle. Par exemple, nous ne choisissons pas notre lieu de naissance, ni nos parents, ni encore nos talents ou nos capacités. Si nous pouvions en décider, ce monde serait tout différent. Comme nous n'avons pas droit au chapitre dans ce domaine, nous naissons chacun avec des aptitudes et des compétences différentes, mais aussi avec un certain nombre de faiblesses et de défauts. Dans ces conditions, pour connaître le succès, nous devons nous concentrer sur nos points forts, tout en reconnaissant nos points faibles. Malheureusement, nombre de gens font le contraire. Au lieu de voir leur force et leurs talents, ils se focalisent sur leurs failles, sans se souvenir de leurs points forts. Et ils quittent ce monde avec de merveilleux trésors encore enfouis en eux. Selon les psychologues, les êtres humains n'utilisent que dix à douze pour cent de leur potentiel. Einstein n'aurait utilisé que vingt-cinq pour cent de sa capacité intellectuelle. Si c'est vrai, cela signifie que nous avons tous un immense potentiel intact. Avec notre discernement, nous pouvons mieux exploiter ce potentiel intérieur en transformant nos lacunes en points forts.

Il y a aux États-Unis une femme dont le fils a été tué par un homme ivre au volant. Elle aurait facilement pu succomber à la haine du coupable. Mais au lieu de se battre contre le chauffard, elle a choisi de combattre la conduite en état d'ivresse. En 1980, avec un groupe de femmes de Californie, elle a fondé MADD (« Mothers Against Drunk Driving », c'est-à-dire « Association des Mères contre la conduite en état d'ivresse »). L'organisation compte maintenant six cents sections dans tous les États-Unis. Leurs activités ont préparé le terrain pour mettre en place des lois interdisant la conduite en état d'ivresse, ce qui a amené une baisse considérable du pourcentage des conducteurs ivres aux États-Unis. Qu'aurait pu accomplir cette femme en se bornant à sa rage contre un individu ? Au lieu de cela, elle a utilisé son discernement et a été capable de canaliser sa colère dans un projet qui profite à toute la société.

Un cas semblable est arrivé dans un village tribal en Inde, où les gens étaient si pauvres que la plupart ne disposaient pas de maisons dignes de ce nom. Certaines huttes n'ayant pas de portes, un vagabond est entré dans l'une d'elles pendant la nuit, et a essayé de violer une femme qui y dormait. Elle a pu se défendre et repousser son agresseur, mais elle s'est retrouvée sérieusement blessée dans la bagarre. Alors qu'elle se remettait lentement de ses plaies, la victime brûlait de rage. Pourtant, au lieu d'essayer de se venger, elle a utilisé sa colère de façon créative. Prenant la résolution que personne d'autre ne devrait subir le même sort, elle a amené les membres de sa tribu à protester contre leurs conditions de vie auprès du gouvernement local. Finalement, ce dernier a accepté de construire des maisons solides et sûres pour toute la tribu. En outre, une force de police a spécialement été créée et affectée à la sécurité de cette zone.

Dans son discours lors de l'Initiative pour la Paix Mondiale des femmes Chefs Religieux et Spirituels, en 2002, Amma a raconté l'histoire véridique d'une femme dont le mari avait été tué dans une attaque terroriste. Son fils était un jeune garçon à l'époque, et quand il avait perdu son père, il avait fait vœu de le venger un jour. Son plan était d'entrer comme militant dans un groupe rival de celui qui avait tué son père. Mais quand il a parlé à sa mère de son projet, elle lui a conseillé : « Considère, mon fils, le chagrin de ta propre famille. Vois comme il nous est difficile de joindre les deux bouts sans ton père. Regarde-toi, observe ta tristesse d'avoir à grandir sans connaître l'amour d'un père. Quand tu voyais les autres pères emmener leurs enfants à l'école, est-ce que tu ne souhaitais pas, toi-aussi, avoir un papa ? Si tu te venges des meurtriers de ton père, qu'auras-tu accompli si ce n'est créer plus de souffrance et de chagrin ? La société a-t-elle davantage besoin de visages affligés ? Ce que nous devrions plutôt faire, c'est développer l'amour et la fraternité. C'est la seule façon de retrouver la paix, à la fois pour nous et pour les autres. Alors, mon fils, utilise ton discernement et agis le plus justement possible. » Prenant les paroles de sa mère à cœur, le garçon a refusé de rejoindre les terroristes, même quand ils ont tenté de le recruter. Des années plus tard, quand il a rencontré Amma, il lui a présenté cette prière : « S'il te plaît, accorde aux terroristes, qui sont pleins de haine et de violence, une compréhension correcte. Et remplis de l'esprit de pardon le cœur de tous ceux qui ont fait face à tant d'atrocités et ont tant souffert. Autrement, la situation ne peut qu'empirer, et la violence continuera sans fin. »

Amma dit que le sérum anti-poison qui sauve notre vie quand un serpent nous mord est fabriqué avec le venin de ce même serpent. De façon similaire, si nous agissons avec discernement et une noble intention, nos émotions négatives et nos lacunes se transforment en points forts.

Par contre, si nous agissons sans discernement, même nos capacités et nos talents se retournent contre nous. Ainsi, il y a des gens qui, grâce à leur bagout, sont d'excellents vendeurs. Cependant s'ils parlent trop, au lieu de persuader un client d'acheter leur produit, ils le font fuir. Leur don peut être utilisé pour vendre.

Mais ils poussent le client à ne pas acheter s'ils parlent trop. Et leur qualité se transforme en défaut.

Une histoire drôle illustre ce dernier point : Pendant la Révolution Française, trois hommes sont conduits sous escorte à la guillotine. Un prêtre les accompagne pour leur donner l'extrême onction. On ordonne au premier condamné de mettre sa tête sur le billot. Mais quand on lâche le couperet, au lieu de lui tomber sur la nuque, il reste bloqué en haut de la guillotine. Le prêtre interprète cela comme un signe divin et rend sa liberté au prisonnier, en lui assurant que Dieu lui a pardonné ses péchés. Le même incident se produit avec le second condamné. Quant au troisième, c'est un ingénieur. Comme on l'emmène à la guillotine, il regarde la lame coincée et s'exclame : « Je comprends pourquoi ça ne fonctionne pas ! » et il explique comment faire la réparation. La guillotine est promptement remise en état grâce à ses instructions, et il a la tête tranchée. Voici un ingénieur qui a utilisé ses connaissances, mais pas son discernement !

Usons donc de discernement quand nous choisissons les valeurs qui vont nous guider dans la vie. Sinon, même les meilleures choses et les plus beaux dons s'avèrent inutiles et nous pénalisent. De nombreux lecteurs ont entendu cette expression « le toucher de Midas » qui signifie l'aptitude à gagner, avec apparemment peu d'efforts, de grosses sommes d'argent. Cette expression se réfère au mythe grec du roi Midas, dont la plus grande ambition est d'accumuler des richesses. Un jour, une déesse lui apparaît et lui offre d'exaucer un vœu. Il peut demander ce qu'il veut. Transporté de joie, le roi demande à la déesse de le bénir afin que tout ce qu'il touche se transforme en or. La déesse le prévient des inconvénients de ce vœu, mais sa cupidité est telle qu'il ne prête aucune attention à ses paroles. Il ne souhaite rien d'autre que cela. En fin de compte, la déesse le lui accorde. Et désormais, le roi peut toucher n'importe quoi, tout se transforme en or.

Il faut très peu de temps au roi pour rencontrer de sérieuses difficultés. Lorsqu'il s'assied pour prendre son petit-déjeuner, toute la nourriture qu'il touche se transforme en or. Comme il ne peut pas mâcher un bol de céréales en or, il appelle au secours sa fille. Elle arrive dans sa chambre en courant et il la prend affectueusement dans ses bras. Quelle surprise ! Elle se métamorphose immédiatement en statue d'or. Le roi est choqué et désespéré. Il commence à sangloter tout fort et appelle la déesse qui a exaucé son vœu. Celle-ci apparaît devant lui et lui demande s'il est heureux de son toucher magique. Le roi supplie la déesse de ramener sa fille à la vie et de lui retirer son toucher magique.

Ce mythe montre que le détournement des valeurs tourne à la tragédie. Parfois, mieux vaut ne pas obtenir ce que nous désirons. Le discernement nous permet de cultiver des valeurs positives, ce qui, en retour, rend notre vie paisible et utile.

Une dévote d'Amma m'a confié une très belle histoire : avant de rencontrer Amma, elle fréquentait un autre ashram. Elle y arriva une fois tard dans la nuit, et en entrant au dortoir, elle alluma pour trouver son lit. Immédiatement, une voix en colère cria à l'autre extrémité de la chambre : «Éteignez la lumière !»

La nouvelle venue obéit timidement, longea le mur pour retrouver sa place et prépara son lit dans le noir. À peine était-elle allongée, qu'une autre visiteuse ne connaissant pas les lieux fit irruption et alluma. De nouveau, la voix courroucée s'exclama : « Éteignez la lumière !» Pendant le court instant durant lequel la pièce avait été éclairée, elle avait remarqué que la nouvelle visiteuse était japonaise et qu'elle portait un badge orange indiquant que c'était la première fois qu'elle venait à l'ashram.

Elle pensa que cette dame devait être encore plus désorientée et plus épuisée qu'elle. Elle se leva et l'accueillit en s'inclinant dans le plus pur style japonais ; puis elle lui prit des mains les draps qu'elle portait et se mit à lui préparer son lit.

Elle salua de nouveau la nouvelle venue pleine de reconnaissance de la même façon traditionnelle et elle retourna se coucher. Elle n'était pas encore endormie que la porte du dortoir s'ouvre encore et que la lumière s'allume. Réglée comme du papier à musique, la voix se fait entendre : « Éteignez la lumière ! » Elle s'apprêtait à se relever quand elle vit la Japonaise sortir de son lit et aller à la rencontre de la troisième personne, s'incliner devant elle, lui prendre les draps des mains et lui préparer son lit. La japonaise avait simplement supposé que c'était la coutume dans cet ashram.

Cette histoire prouve que nous apprenons en suivant l'exemple des autres, mais nous devons utiliser notre discernement pour distinguer les exemples à suivre de ceux qu'il faut ignorer. La Japonaise aurait facilement pu joindre sa voix à celle qui ordonnait d'éteindre la lumière. Elle a choisi avec sagesse de suivre l'exemple plus altruiste de la femme qui l'avait aidée.

Une autre histoire illustrant la valeur réelle du discernement me revient à l'esprit. Vous vous souvenez peut-être du tremblement de terre dévastateur qui a frappé l'État indien du Goujarat en janvier 2001. Des milliers de gens ont été tués. Plus encore ont été blessés et ont perdu ceux qu'ils aimaient. En même temps que s'écroulait leur foyer, ils ont vu s'anéantir leur espoir et leurs rêves. L'ashram d'Amma a adopté trois des villages les plus touchés et les a complètement rebâtis. Une fois les villages reconstruits, Amma a visité l'endroit et rencontré les villageois. Un homme lui a raconté qu'avec le tremblement de terre, il avait perdu toute sa famille et tous ses biens matériels, mais que malgré tout, il était encore plus déterminé à réussir comme homme d'affaires. Un autre villageois qui était lui aussi dans le commerce avant la catastrophe, et avait subi le même sort, a confié à Amma que le désastre lui avait révélé la nature fragile des possessions et des attachements matériels. Le seul désir qu'il lui restait était de se fondre en Dieu. Tous deux ont traversé la même expérience, le premier continue de toutes ses forces à poursuivre un bonheur matériel qui peut s'évanouir à tout instant. Le second a été capable d'utiliser son discernement pour chercher désormais la paix et le bonheur permanents.

Le premier chapitre de la *Bhagavad Gita* est intitulé *Arjouna Vishada Yoga*, ou « Le yoga de la douleur d'*Arjouna*. » Nous pouvons nous étonner de voir la douleur considérée comme un yoga (un moyen de s'unir à Dieu). Si des parents perdent un enfant, ils réagissent de deux façons. Soit ils sentent qu'ils ont tout perdu et qu'il ne vaut plus la peine de continuer, soit ils réfléchissent sur la nature changeante du monde : « Que se passe-t-il ? Je croyais que mon enfant allait vivre longtemps et me combler de bonheur. Maintenant il est parti. Ce que je pensais être permanent s'est en vérité révélé de courte durée. Si je mets tous mes espoirs dans des choses si éphémères, je me condamne à la détresse. Je ferais mieux de dépendre de quelque chose de permanent qui ne me trahira jamais. » C'est en réfléchissant de cette façon que nous nous tournons vers Dieu. Ainsi, toute expérience douloureuse peut se transformer en un moyen de nous rapprocher de Dieu.

Les Écritures hindoues décrivent les deux voies qui se présentent à chacun de nous. L'une, appelée *preyo marga*, ou la poursuite du bonheur matériel, comme la richesse, le pouvoir, la renommée… etc, est un cycle sans fin, qui nous enferme à perpétuité dans le *samsara* (le cycle des naissances et des morts). La deuxième voie appelée *sreyo marga*, ou la poursuite du bonheur ultime, se réfère à la connaissance de notre propre Soi divin. Cette voie nous dégage du cycle des naissances et des morts et nous offre la liberté éternelle.

Cela ne signifie pas que pour poursuivre le bonheur ultime nous ne devons rien posséder, mais que nous devons être conscients des limites des choses matérielles. Cette conscience devrait nous inciter à rechercher ce qui est sans limite, autrement dit Dieu, notre véritable nature.

Pour nous remémorer que nous n'apportons rien avec nous en arrivant dans ce monde, et n'emporterons rien non plus en le quittant, Amma cite souvent l'anecdote de la mort de l'empereur grec Alexandre le Grand.

Comme vous le savez tous, Alexandre était un grand guerrier et souverain qui a conquis presque un tiers du monde alors connu à son époque. Il voulait devenir empereur du monde entier, mais fut victime d'une maladie fatale. Quelques jours avant sa mort, il convoqua ses ministres pour leur montrer comment il voulait que son corps soit porté lors de la procession funéraire : il fallait des ouvertures de chaque côté du cercueil à travers lesquelles sortiraient ses mains, les paumes grandes ouvertes. Et comme les ministres lui demandaient la raison d'une telle mise en scène, Alexandre expliqua que, de cette façon, chacun apprendrait qu'Alexandre le Grand, qui avait passé sa vie entière à s'efforcer de posséder et de conquérir le monde, l'avait quitté les mains complètement vides. Et chacun réaliserait combien il est futile de poursuivre ce qui appartient au monde.

Le discernement est la capacité de distinguer entre le permanent et le transitoire, de ne compter que sur le permanent, et d'essayer de l'atteindre. D'un point de vue spirituel, seul Dieu ou *l'Atman* est permanent. Tout le reste est transitoire. Les Écritures disent que *l'Atman* était là dans le passé, qu'il est là maintenant, et qu'il sera là dans le futur. C'est pourquoi *l'Atman* est appelé aussi Vérité. Selon les Écritures hindoues, seul ce qui existe, sans croître, ni décroître, ni subir aucun changement, dans les trois périodes du temps (passé, présent et futur) peut être appelé Vérité. Seul ce qui, personne ou objet, remplit ces conditions-là, peut être appelé Vérité. Sinon, ce n'est pas réellement la Vérité. Quand nous mettons en pratique *vivéka* (le discernement), nous savons que rien, aucune chose, ni personne, ni aucun lieu ne peut passer ce test. Nous découvrons que de nombreuses choses auxquelles nous tenons ou que nous tentons d'acquérir, ne valent pas la peine que nous nous donnons pour elles.

Amma veut que nous prenions conscience de l'impermanence du monde et de la matière. Ils sont provisoires et ne pourront jamais nous accompagner après la mort.

Ainsi nous voyons que le pouvoir de discernement est très important. Nous pouvons nous en servir pour transformer nos lacunes en force créatrice, et utiliser nos points forts de la façon la plus efficace. Ceci nous aidera à réussir dans toutes nos entreprises, y compris dans nos efforts pour atteindre le succès ultime, la réalisation du Soi.

# Chapitre 17

# *Du discernement au détachement*

Quand nous exerçons correctement notre *vivéka* (discernement), *vairagya* (le détachement) se réveille en nous. *Vairagya* signifie le détachement de tout ce qui est irréel ou éphémère. Lorsque nous constatons que les gens et les choses de notre vie ne sont pas la Vérité ultime, nous nous détachons automatiquement d'eux. Non pas que nous ne les aimions plus, ni que nous ne nous préoccupions plus d'eux, mais nous n'attendons plus rien de leur part. Dans une relation ordinaire, l'amour que nous éprouvons pour l'autre dépend principalement de ce que nous recevons de lui. Si nous n'obtenons pas ce que nous voulons, notre amour diminue. Pour citer l'exemple d'Amma, nous prenons soin d'une vache tant qu'elle donne du lait. Quand elle cesse de le faire, nous n'hésitons pas à la vendre, même au boucher. Voilà la nature de l'amour ordinaire qu'on trouve dans le monde.

Quand apparaît le détachement, l'amour que nous avons pour les autres ne dépend plus de ce que nous recevons d'eux. Nous les aimons juste pour le plaisir de les aimer. Ce détachement concerne également les objets et tout ce que nous possédons. Si nous sommes détachés, nous utilisons les choses dont nous disposons. Mais si nous perdons quelque chose ou si nous ne pouvons pas l'acquérir, cette perte ou ce manque ne nous affecte pas du tout.

Aristote aurait dit à son élève Alexandre le Grand : « Si tu vas un jour en Inde, ramène en Grèce un yogi avec toi. » Des années plus tard, Alexandre se trouvant dans les Himalayas, a rencontré un sage assis à même le sol. La requête de son maître lui est revenue à la mémoire et il a approché le yogi. Il lui a fait cette proposition : « Si tu viens avec moi, je te ferais plus riche qu'un roi. Tu auras ton propre palais et autant de serviteurs que tu le souhaites pour satisfaire tes moindres désirs. »

Le yogi a poliment refusé l'offre d'Alexandre en expliquant : « Il n'y a rien en ce monde dont j'ai besoin ou que je désire. Si vous voulez m'aider, déplacez-vous, s'il vous plaît, simplement de deux pas sur le côté, afin que je puisse savourer les rayons du soleil. » Le yogi était complètement détaché des objets du monde. Peu lui importait s'il était assis dans une grotte ou dans un palais. Il goûtait la béatitude intérieure.

Nous pouvons penser qu'il est facile pour un yogi des Himalayas d'être détaché, mais que pour nous, avec toutes nos responsabilités et tout ce que nous possédons, c'est impossible. Alors regardez Amma. Elle a beaucoup plus de responsabilités que nous, et même si elle les assume avec la plus grande attention et le plus grand soin, elle est parfaitement détachée. Quelqu'un a demandé un jour à Amma : « Vous avez tant d'institutions et d'ashrams. Qu'est ce que ça vous fait ? »

Amma a répondu : « Même si la cacahuète est à l'intérieur de sa coque, elle n'y est pas attachée. Comme le serpent qui mue laisse son ancienne peau, Amma peut tout abandonner n'importe quand. Elle n'est attachée à rien. »

Dans la vie, nous obtenons des choses et nous en perdons. Rien n'est à nous pour toujours. Choses et gens nous quittent un jour ou l'autre, à moins que ce ne soit nous qui les quittions, ne serait-ce qu'au moment de la mort. Si nous sommes capables de vivre détachés, notre mental sera relativement calme et nos pratiques spirituelles ne seront pas perturbées par les difficultés et les défis de la vie. Nous n'éprouvons de la souffrance que si nous sommes attachés à quelque chose. Supposons que la voiture des voisins soit saccagée par des voyous. Nous compatissons à leur malheur, mais sans colère et nous ne sommes pas bouleversés. La même chose arrive à notre propre voiture, et nous voici profondément perturbés. Et si nous sommes très attachés à cette voiture, il se peut même que nous devenions furieux contre le Bon Dieu et que nous en venions à nous demander comment Il a pu laisser une telle chose arriver. La profondeur du chagrin que nous traversons quand une chose change ou est perdue, est directement proportionnelle à notre degré d'attachement à cette chose.

Il était une fois un avare, qui aurait ramassé même une piécette traînant dans l'égout. Un jour son voisin lui téléphona à son travail, pour lui annoncer que sa maison avait été détruite par un incendie. Avant de lui révéler la mauvaise nouvelle, il lui demanda de s'asseoir, sûr que l'avare allait s'évanouir en apprenant qu'il avait tout perdu. Mais à l'annonce de la nouvelle, l'avare se mit à rire. Surpris, le voisin pensa que le choc lui avait fait perdre la tête. « Pourquoi riez-vous ? Vous êtes devenu fou ? » lui demanda-t-il.

— « Non, j'ai vendu la maison il y a trois jours ! » répondit l'avare. C'est parce que la maison ne lui appartenait plus qu'il a pu rire. S'il avait reçu la même nouvelle quatre jours auparavant, il aurait réagi exactement comme son voisin le supposait. Voilà la liberté que nous offre le détachement, nous avons le sentiment que les choses matérielles, même celles que nous possédons, ne nous appartiennent pas. C'est pourquoi nous ne ressentons aucun attachement envers elles (choses ou personnes) et ne sommes pas troublés si elles changent ou disparaissent.

Tous les jours, un petit vacher emmenait son troupeau au pâturage. Quand les vaches avaient fini de paître, il les attachait à des arbres ou des piquets pour qu'elles se reposent. Quand le soleil descendait vers l'horizon, il les détachait et elles rentraient à l'étable. Un jour, comme les vaches avaient fini de paître, il les a conduites là où elles se reposaient habituellement, mais il ne s'est pas donné la peine de les attacher, sachant bien qu'elles étaient si routinières, qu'elles ne s'échapperaient pas.

Quand il est repassé le soir, il a essayé de reconduire les vaches à l'étable, mais pas moyen de les faire bouger. Certaines qui s'étaient allongées se sont relevées, mais elles restaient sur place. Comme le pâtre était très futé, il a compris ce qui se passait. Il s'est approché des arbres et a fait semblant de dénouer les cordes, même si ce jour-là, il ne les avait pas attachées autour des arbres, et n'avait donc aucun nœud à défaire. Les vaches ne savaient pas qu'il ne les avait pas attachées. Elles pensaient : « S'il ne dénoue pas notre corde, comment pouvons-nous nous en aller ? » Dès que le vacher a fait semblant d'avoir dénoué les cordes, les vaches se sont mises à avancer.

De la même façon, nos attachements n'existent qu'au niveau du mental. Quand je dis que je suis attaché à ma télévision, cela ne veut pas dire qu'il y a une corde qui me relie à la télé. Tous nos attachements, qu'ils concernent la télévision, la maison, la voiture, les parents ou les amis, sont des projections mentales. C'est pourquoi, si nous prenons une ferme résolution mentale, nous pouvons les dépasser. Amma dit : « Les choses sont à vous seulement un court instant. Elles appartenaient à quelqu'un d'autre avant votre naissance, et appartiendront à quelqu'un d'autre quand vous serez parti. Si ce que vous possédez était réellement à vous, ce serait pour toujours. En vérité, rien ne vous appartient vraiment. »

Puisqu'un jour tout nous quittera, considérons que nous ne sommes que les gardiens, nommés par Dieu, de tout ce que nous possédons. Alors, nous ne serons pas aussi affectés lorsqu'une chose ou une personne nous quitte. Comme tout appartient à Dieu, Il peut reprendre les choses ou les gens chaque fois qu'Il le veut. Le problème surgit dès que nous pensons «c'est à moi.» Cette possessivité est une des causes principales de notre malheur.

En réalité, nous ne sommes attachés à rien. Les Écritures disent : « Tout appartient à *l'Atman*, mais *l'Atman* n'appartient à rien ni à personne, Il est éternellement libre, et vous êtes cet *Atman*. »

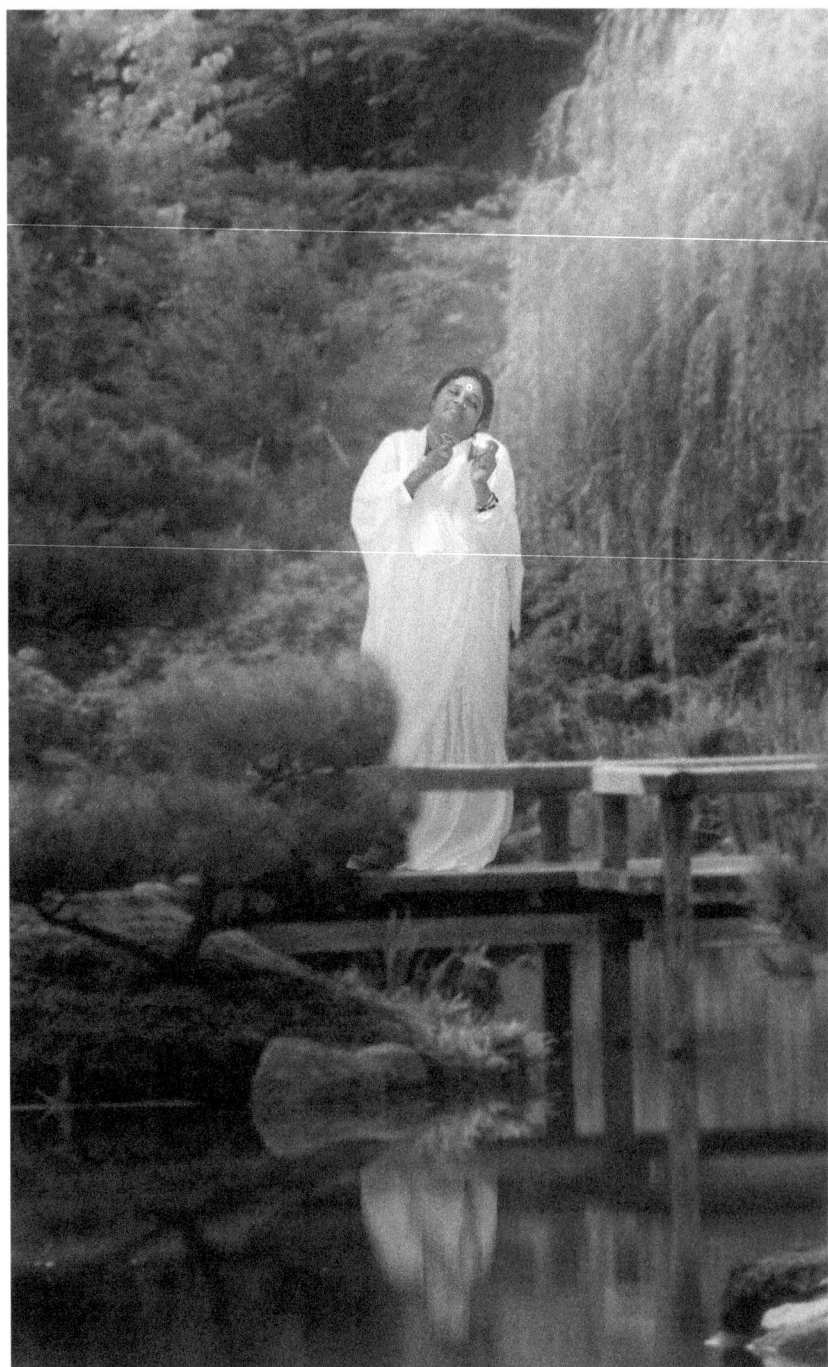

# Chapitre 18

# *Comprendre la nature du monde*

Pour éviter d'être déçu, mieux vaut dans une situation donnée, envisager toutes les conséquences possibles. C'est ne façon logique d'aborder la vie. Amma nous donne un exemple très concret : si nous touchons une flamme du doigt, nous ressentons une brûlure. Nous ne nous mettons pas en colère contre le feu, nous ne le haïssons pas non plus, mais désormais, si nous avons affaire au feu, nous sommes sur nos gardes. Nous faisons attention à ne pas le toucher directement car nous ne voulons pas nous brûler à nouveau. Parce que nous avons changé notre rapport avec lui, le feu qui nous avait brûlé, peut dorénavant nous rendre service. De même, nous connaissons tous la nature du monde. Si les choses ne se déroulent pas comme nous le voulons, nous devons modifier la relation que nous avons avec notre environnement.

Il y a quelques années certaines personnes ont quitté l'ashram et nous en étions tous profondément bouleversés. Mais Amma, pas du tout. Elle a expliqué : « Je ne m'attends pas à ce que quiconque reste avec moi toute sa vie. Chacun peut partir quand il le veut. Je ne compte jamais sur rien. Même si tous les swamis quittaient l'ashram, je continuerais à faire ce que j'ai à faire. »

Amma vit dans le même monde que nous, mais sa façon de l'appréhender est très différente de la nôtre. Si nous souhaitons être heureux et en paix, il n'y a pas d'autre moyen que de changer notre rapport au monde.

Une ville voyait ses problèmes se multiplier à cause de l'apparition d'une population de rats. Les habitants étaient scandalisés par l'incapacité de la municipalité à contrôler la situation. Sous la pression des électeurs, le maire sortit un projet tout neuf intitulé : « Éradiquons les rats », mais après quelques mois d'efforts concertés, il s'aperçut que la tâche ne serait pas facile. Frustrés par le manque de progrès, les citadins se sont remis à protester. Le maire qui voulait les faire patienter, rebaptisa le projet : « Contrôlons les rats. » Mais il découvrit très vite qu'il était tout aussi impossible de contrôler les rats que de les éradiquer. Les gens descendirent dans les rues pour manifester, et le maire en désespoir de cause lança un nouveau plan : « Coexistons avec les rats. »

De même, il n'est pas possible d'éliminer tous les problèmes du monde et de notre vie. Nous pouvons les contrôler jusqu'à un certain point. Ce que nous ne pouvons pas contrôler, nous devons apprendre à l'accepter.

Un homme qui subit de nombreuses épreuves consulte un astrologue védique pour lui demander de prédire son avenir. L'astrologue lui dit : « Vous passez actuellement par une période très mauvaise. Vous êtes sous l'influence de *Rahou* depuis quinze ans, et vous allez y rester encore pendant trois ans. Cela continuera à être très difficile pour vous.

— Et après ces trois ans ?

L'astrologue le regarde avec un air compatissant : « Après, vous serez sous l'influence de Jupiter pendant douze ans. Pour la plupart des gens, cela aurait signifié une amélioration, mais votre cas est très particulier. Jupiter est très mal placé dans votre thème, et il va aussi vous causer des ennuis.

— Et après Jupiter ?

— Après Jupiter vient l'influence de Saturne pendant dix-neuf ans. Cela vous posera encore plus de problèmes que les années précédentes.

— Et après Saturne ? Est-ce que mes malheurs seront finalement terminés ?

L'astrologue répond : « Après Saturne, vos malheurs n'en seront plus pour vous, car vous aurez été habitué à toutes sortes d'adversités. »

En temps de crise et de frustration, Amma conseille de compter nos bénédictions plutôt que nos problèmes. Il y a toujours amplement de quoi être reconnaissant à Dieu. Amma observe que nous sommes si occupés à nous plaindre des choses que nous n'avons pas, que nous perdons de vue les bonnes choses dont nous disposons.

Quand nous nous endormons le soir, quelle garantie avons-nous de nous réveiller le lendemain matin ? Si fragile est la vie humaine que nous ne pouvons prévoir ce qui va se passer même dans un instant. Tout peut arriver à chaque moment. Au Goujarat en 2001, tout était calme jusqu'à la seconde précédant le tremblement de terre dévastateur. Tout d'un coup, une multitude de maisons, de vies et d'espoirs ont été détruits. Telle est notre vie : fragile. Il suffit d'un nerf qui se coince pour que je ne puisse plus lever le bras. Et c'est une question de seconde.

Que faire dans un monde pareil ? Essayer d'être heureux avec ce que nous avons. Bien entendu, il n'y a rien de mal à tenter d'avoir plus. Rien ne garantit le succès de notre tentative, mais s'il arrive, soyons en reconnaissants à Dieu. Remercions Dieu de nous réveiller le matin. Chaque journée, chaque instant de notre vie est une bénédiction divine.

Une histoire me revient à l'esprit : un jour, tous les insectes se présentent devant Dieu pour exposer leurs griefs concernant la vie sur Terre. Les moustiques décrivent leur situation : « Seigneur, Tu nous as donné une trompe pour piquer les êtres humains et sucer leur sang. Tu as créé les hommes avec de la chair gorgée de sang et Tu nous as pourvus d'un minuscule corps ailé afin que nous puissions nous enfuir en cas de danger. Tu as été si miséricordieux et si bon pour nous. Mais nous avons un problème. Pourquoi as-Tu créé notre ennemi le vent ? Chaque fois que nous sommes sur le point de savourer un copieux repas, il se met à souffler et nous devons nous enfuir à tire d'aile pour sauver notre vie. Alors pourquoi ne supprimerais-Tu pas le vent de la Terre ? »

Le Seigneur répond: « Mes enfants, vous m'êtes tous très chers, je ne peux rien décider sans la présence de l'accusé. Faites venir le vent et je prendrai ma décision. » Mais les moustiques savent que si le vent vient, ils devront décamper. Au lieu d'aller chercher le vent, ils se tournent donc vers les autres insectes rassemblés là et leur demandent : « Chers frères et sœurs, vous êtes tous bienheureux. Vous buvez le sang des hommes à satiété. Mais notre sort est vraiment pitoyable. Dès que le vent approche, nous devons disparaître. Auriez-vous une suggestion à nous faire, connaissez-vous un truc qui nous aiderait ? »

Une punaise réplique alors : « Vous croyez qu'on a la vie facile ! Laissez-moi vous décrire notre existence dans les lits. Nous n'avons pas d'ailes pour nous envoler comme vous. Nous venons voir le Seigneur pour qu'Il nous donne des ailes, ou pour qu'Il crée des humains sans yeux, parce que même si nous nous cachons dans un coin du lit, les hommes arrivent à nous trouver et nous écrasent ou bien nous tuent avec leur bombe insecticide. »

Un taon intervient : « Nos souffrances sont indescriptibles. Nous nous posons sur un humain pour sucer son sang et il nous gifle violemment. C'en est fait de nous. Notre vie est finie. Si, d'une manière ou d'une autre, nous arrivons à nous échapper, nous mourons ensuite de faim pendant des jours. Nous sommes gourmands de sang, mais nous ne pouvons pas en obtenir une seule goutte. Nous venons prier Dieu de créer des êtres humains sans mains. »

Le Seigneur écoute leurs plaintes très patiemment et garde le silence. Que pourrait-Il dire ? Même Dieu ne peut pas prendre de décision dans des cas pareils. Il ne peut que rester silencieux car Il connaît la nature de la Création. Imaginez la condition des hommes si les revendications des moustiques, des punaises et des taons étaient satisfaites !

Amma affirme que les difficultés ne peuvent pas toutes être éliminées. Volontairement ou non, nous sommes venus en ce monde. Ce qu'il y a de mieux à faire, c'est d'essayer d'en comprendre la nature. Cette compréhension associée à notre foi en Dieu ou en un Satgourou comme Amma, nous donne la force de faire face à nos problèmes de façon positive.

C'est surtout le mental qui nous fait croire que nous avons des problèmes. Il cause notre libération ou notre servitude, notre bonheur ou notre malheur.

Tous les types de connaissance ne sont pas essentiels pour vivre. Si vous n'avez pas étudié le calcul infinitésimal, vous n'en serez pas malheureux. Vous pouvez apprendre la botanique si vous en avez envie. Et si vous ne le faites pas, cela n'aura aucune incidence négative sur votre existence. Il y a beaucoup de botanistes et de mathématiciens malheureux. Mais tout le monde doit étudier les principes spirituels afin de mener une vie heureuse et paisible. C'est la raison pour laquelle, l'étude de la spiritualité était un aspect important de l'éducation dans la tradition ancestrale de l'Inde. De nos jours, les textes sacrés sont démodés. Nous pensons pouvoir nous passer de la spiritualité pour réussir dans la vie. En réalité, nous avons, aujourd'hui plus que jamais, besoin de compréhension spirituelle car son absence a provoqué l'effondrement dramatique de nos valeurs et de notre éthique. Cette perte des valeurs engendre, pour la société et pour les individus, des problèmes qu'on n'aurait jamais imaginé il y a à peine quelques années. Sans une compréhension des principes spirituels, nous sommes constamment malheureux et déprimés, et il n'y a aucune harmonie dans la société.

Une bonne connaissance des principes essentiels de la spiritualité nous donne de la force, non pas une force physique, mais une force émotionnelle. Nous avons beau avoir une force herculéenne, quand il s'agit de faire face à des problèmes, notre force physique ne nous est pas d'un grand secours. En temps de crise, rien ne nous aide, généralement, sinon notre force émotionnelle, qui naît d'une véritable compréhension de la nature du monde. « Si nous ne donnons au corps que des aliments peu nutritifs, dit Amma il tombe malade. Et si nous ne procurons au mental que des pensées négatives, lui aussi devient malade. De même que le corps a besoin chaque jour d'une alimentation saine, le mental a besoin de pensées spirituelles positives pour être fort et en bonne santé. »

Ce qui ne signifie pas que la seule connaissance en matière de spiritualité soit suffisante en soi. Beaucoup d'entre nous disposent déjà d'une multitude d'informations spirituelles, mais tant que cela reste de la théorie, cela ne nous aide guère. C'est seulement quand nous mettons notre savoir en pratique qu'il nous profite pleinement.

Si nous ne digérons pas les aliments que nous avalons, comment allons-nous être nourris ? Ce ne sont pas les aliments avalés, mais la nourriture digérée qui nous donne de la force. De même, nous aurons beau lire des ouvrages spirituels et écouter de nombreux *satsangs* (discours spirituels), nous n'en tirerons aucun bienfait si nous ne mettons pas ces enseignements en pratique,.

Voilà pourquoi Amma souligne continuellement l'importance des pratiques spirituelles et de l'assimilation des principes spirituels dans notre vie quotidienne. Si nous abordons la vie de façon juste, les épreuves que nous rencontrons peuvent contribuer à renforcer le mental. Le mental est comme un muscle qui grossit ou s'amaigrit selon qu'on lui donne beaucoup ou peu d'exercice.

Les Écritures proclament « *Panditaha na anusochanthi.* », c'est-à-dire « Les sages ne s'affligent pas. » La solution au chagrin est la sagesse. La sagesse, c'est *jnana*, la connaissance : « Je ne suis pas le corps, ni le mental, ni l'intellect, ni l'ego. Je suis un avec la Conscience Suprême. » Seuls les êtres établis dans cette sagesse transcendent le chagrin.

Plus nous assimilons et comprenons la Vérité en profondeur, moins nous avons de doléances. Quand nous réalisons notre unité avec la Conscience Divine, tous nos griefs s'évanouissent, et même si nous rencontrons encore des difficultés, elles ne sont plus un problème pour nous.

Contrairement au nôtre, le bonheur d'un être réalisé ne dépend d'aucune condition. Amma ne dépend de rien en ce monde pour son bonheur, son contentement et sa paix mentale. Ils sont inconditionnels. Voyez comme notre situation est différente ! Notre paix mentale dépend d'une foule de choses extérieures. Si certaines conditions sont remplies, nous sommes heureux. Si elles ne le sont pas, nous sommes malheureux. Nous pensons que nous serons vraiment heureux quand nous aurons un travail intéressant, ou une bonne vie de famille, ou si nous nous marions. Toutes ces conditions nous semblent nécessaires, mais il n'y a aucune garantie qu'elles nous rendent heureux pour toujours.

D'après le témoignage d'Amma, beaucoup de gens ont le sentiment qu'à moins de se marier, ils ne connaîtront jamais la plénitude, mais ensuite, ils se plaignent : « Depuis que je suis marié, ma vie est fichue. » Si nous analysons cela de près, nous remarquons que cette approche de la vie qui place tous nos espoirs sur un but, une personne ou un objet extérieur, ne nous rend jamais vraiment heureux, ne nous apporte jamais le contentement.

Seule la science de la spiritualité nous aide à cet égard. Une personne éduquée spirituellement dispose d'une connaissance qui l'empêche d'être affectée négativement par les épreuves. Si on compare la vie à un champ de bataille, alors la connaissance spirituelle est l'armure qui protège de toute blessure. Diverses armes peuvent nous frapper, mais elles ne pénètrent pas notre armure. Nous ne sommes pas touchés par les coups. Des problèmes surgissent aussi dans la vie d'un Satgourou. Un maître spirituel peut même avoir plus de problèmes que vous et moi. Pour nous, il est plus que suffisant de prendre soin d'une petite famille. Voyez le cas d'Amma. Elle prend soin de milliers, voire de millions de familles. D'innombrables dévots veulent qu'Amma trouve le partenaire idéal pour leur enfant, ou bien qu'elle dissipe une querelle familiale, ou règle un problème de couple. En outre, Amma satisfait souvent les désirs des dévots, sans qu'ils lui aient verbalement demandé quoi que ce soit.

Quand ma sœur cadette a atteint l'âge de se marier, Amma lui a trouvé un époux et a célébré elle-même le mariage. Amma m'a téléphoné en Australie où je donnais différents programmes pour m'annoncer : « Amma a arrangé le mariage de ta sœur. La cérémonie aura lieu à l'ashram tel et tel jour. » Je ne me faisais aucun souci concernant les membres de ma famille. Je n'avais pas songé une seule fois à ma sœur qui devait trouver un époux. Amma s'en est chargée. C'est seulement un exemple. De la même manière, elle prend soin de milliers de familles partout dans le monde.

Nous voyons ainsi que le Satgourou a largement plus de responsabilités que nous, et pourtant, il n'est jamais dépassé ni stressé car il jouit d'une compréhension adéquate de la vie. Seule la sagesse spirituelle offre une solution permanente à nos difficultés, c'est à dire la détermination de résoudre ce qui peut l'être, et la force d'accepter avec équanimité ce qui ne peut pas être résolu. Nous pouvons choisir d'étudier les mathématiques, la botanique ou toute autre matière, mais si nous voulons être vraiment heureux, nous n'avons pas le choix, il nous faut acquérir la sagesse spirituelle.

Les Écritures disent :

**Kasya sukham na karōthi viragaḥ**

*Dans le détachement, qui n'est pas heureux ?*

Si nous observons attentivement notre vie, nous remarquons que des choses après lesquelles nous avons couru nous ont donné plus de peine que de joie. Pour obtenir, ne serait-ce qu'un tout petit peu de bonheur dans le monde, nous devons faire beaucoup d'efforts.

Supposons que nous voulions acheter une voiture de sport qui coûte cher. Nous pensons que nous serons vraiment heureux quand nous l'aurons. D'abord nous devons travailler dur pour gagner l'argent nécessaire, et une fois la voiture achetée, nous devons continuer à travailler dur pour l'entretenir. Au bout de quelque temps, elle commence à tomber en panne, et le coût des réparations finit par dépasser le prix d'achat. Et même avant d'en arriver là, il se peut qu'elle soit réduite en miettes dans un accident. Quand nous réfléchissons au bonheur et à la satisfaction que nous obtenons en possédant cette voiture, et que nous les comparons aux problèmes qu'elle nous pose, nous nous demandons si ça valait vraiment la peine de l'acheter. Pourtant, même si nous comprenons que courir après les choses extérieures engendre plus d'ennuis que de joies, nous continuons à le faire. Nous sommes incapables de dépasser l'attraction que nous éprouvons pour elles. Avant même que l'épave de notre voiture soit remorquée à la casse, nous réfléchissons déjà au nouveau modèle que nous allons acheter.

Il est plutôt illogique d'espérer qu'une chose transitoire nous apporte un bonheur permanent. Amma dit : « Essayer d'obtenir du monde le bonheur permanent revient à tenter de rouler le ciel et de le placer sous notre bras : c'est impossible. À moins de nous tourner vers l'intérieur, nous ne parviendrons jamais au bonheur permanent. » Nous croyons peut-être que nous serons heureux après avoir satisfait certains désirs. Nous pensons que nous n'avons que dix désirs, et une fois que nous les aurons comblés, nous serons heureux et satisfaits. Toutefois, si nous ne réussissons jamais à les exaucer tous, nous aurons la surprise de découvrir que la liste en compte maintenant quinze. Ensuite, nous serons persuadés que si nous assouvissons seulement ces quinze, nous connaîtrons définitivement la paix. Et si nous exauçons, d'une manière ou d'une autre, ces quinze-là, nous trouverons que la liste en comprend vingt. Essayer de combler tous ces désirs prend du temps. Nous vieillissons et finissons par mourir avant de finir la liste. La promesse d'un bonheur dans le monde est aussi fuyante que la base d'un arc-en-ciel. Quelle que soit la distance que nous parcourons, il se situe toujours plus loin.

Comment se fait-il que les êtres humains recherchent instinctivement la joie ? C'est parce qu'ils viennent de l'Être Suprême dont la nature est béatitude infinie. Cette expérience est enracinée au fond de la conscience humaine, même si nous n'en avons pas conscience, et nous avons tous le profond désir de la retrouver. Aussi, l'aspiration à la joie est inhérente à chaque être humain, et consciemment ou non, l'humanité s'efforce d'atteindre ce but. Comme l'eau coule toujours vers la mer, et l'oiseau essaie toujours de s'échapper de sa cage, toute chose s'efforce naturellement de retrouver son état originel. Le dessein des Écritures et de la vie du Satgourou est de montrer aux êtres humains la voie de retour à leur état naturel, qui est joie infinie et éternelle.

Nous cherchons pourtant tous le bonheur permanent au mauvais endroit. Il nous semble plus facile de le chercher à l'extérieur car, par nature, le mental est extraverti. Les objets extérieurs ne donnent qu'un reflet du bonheur réel, mais nous prenons ce reflet pour la réalité. Nous croyons que la lumière brille à l'extérieur, et que l'obscurité règne à l'intérieur, mais Amma sait que c'est l'inverse. Elle nous amène lentement à tourner notre vision vers l'intérieur pour que nous puissions trouver le véritable succès. C'est seulement lorsque nous constatons les défauts inhérents au bonheur extérieur que nous devenons capables de diriger notre attention à l'intérieur. Toutefois, notre niveau de conscience est si bas, que même lorsque nous avons connaissance des défauts des objets matériels, nous ne nous en détournons pas pour autant. Par exemple, toutes les publicités pour les cigarettes doivent stipuler que fumer est dangereux pour la santé. Dans le passé, cette information était marquée en tout petits caractères, mais de nos jours, en Occident, vous pouvez lire, sur un côté des cartouches de cigarettes, en lettres capitales : « LE TABAC TUE ». Pourtant nombreux sont ceux qui achètent des cigarettes dans cet emballage. Vous connaissez la plaisanterie du fumeur incorrigible ? : il explique à son ami que depuis quelque temps, une superbe publicité de sa marque préférée de cigarettes paraît dans le journal quotidien. Malheureusement tout l'effet en est gâché par l'avertissement imposé par la loi qui dit : « Fumer est dangereux pour la santé ». L'incorrigible fumeur conclut : « Finalement cela m'a tellement agacé que j'ai tout simplement arrêté. » L'ami est étonné : « Tu as arrêté de fumer ? » « Non, répond l'autre, j'ai arrêté de lire le journal.»

Même si nous sommes clairement avertis des inconvénients d'une chose, nous sommes incapables d'y renoncer. Que dire alors des inconvénients du bonheur matériel, qui ne portent aucun avertissement imposé par la loi ?

Je n'essaie pas de donner une image pessimiste de la vie. Le point de vue des Écritures, celui de la spiritualité, n'est ni pessimiste, ni optimiste, il est réaliste. Une fois que nous avons vraiment compris la nature du monde, il nous est facile de cultiver le détachement. De cette façon, même plongés dans les responsabilités matérielles et les relations humaines, nous ne sommes plus bouleversés par les vicissitudes et les épreuves de la vie. Nous savons que la véritable source du bonheur ne se trouve pas à l'extérieur mais à l'intérieur de nous, et nous nous réfugions en Cela seulement.

Il était une fois un royaume pourvu d'un système de gouvernement très inhabituel. Quiconque voulait devenir roi était accepté à une condition. Au bout de cinq ans, il serait envoyé en exil sur une île déserte infestée de serpents venimeux et de bêtes sauvages, où il était promis à une mort certaine. Beaucoup étaient attirés par cinq années de vie dorée, et il y avait une longue liste d'attente pour devenir roi. Cependant, immédiatement après son couronnement, chaque roi était visiblement plus déprimé et morose que le précédent. Sachant que ses jours en tant que roi étaient comptés, et qu'après son règne, l'attendaient uniquement la souffrance et la mort, aucun des rois ne pouvait savourer, ne fût-ce qu'une heure, de son quinquennat. Les citoyens songeaient même à changer leur système de gouvernement, lorsqu'ils remarquèrent que leur dernier souverain était différent. Il était toujours en train de sourire et de rire, d'offrir des cadeaux, de gracier les criminels, d'organiser des fêtes magnifiques. Même si les années passaient et que la fin de son règne approchait, l'enthousiasme et la bonne humeur du roi ne faiblissaient pas. Finalement, le jour arriva où il lui fallait renoncer au trône et partir seul sur l'île déserte. Les gardes du palais occupèrent de force les appartements du roi s'attendant à une résistance de sa part comme c'était habituellement le cas. Mais ce roi-là était déjà sur le seuil de la porte et il sortit de la ville à pied, toujours tout souriant, jusqu'au bateau qui allait le transporter vers l'île déserte.

Lorsque le roi embarqua, un des gardes du palais lui demanda : « Connaissant votre destin, comment avez-vous pu garder le sourire ? Et comment pouvez-vous être si heureux, encore maintenant ? »

— Dès le premier jour de mon règne, confia le futur exilé, j'ai envoyé des bateaux remplis d'hommes pour débarrasser l'île de toute la faune dangereuse et de la flore hostile. Quand cette tâche a été terminée, j'ai envoyé d'autres hommes construire un palais avec de magnifiques jardins qui font ressembler à un austère donjon le château que je viens de quitter. Je souris continuellement parce que je sais que même si je suis envoyé loin d'ici, une vie bien meilleure m'y attend. »

Exactement comme le roi de cette histoire, nous ne devrions pas gaspiller notre énergie à broyer du noir sur le fait que nous ne sommes là que peu de temps. Nous ferions mieux de nous efforcer d'atteindre ce qui est permanent, l'état d'union avec Dieu, et réaliser notre véritable Soi.

# Chapitre 19

# *La véritable croissance est globale*

Lorsque nous parlons de croissance, nous nous référons d'ordinaire à celle du corps. Tous les êtres vivants en effet commencent par être de petite taille et se fortifient avec le temps. Mais pour tous, sauf pour les humains, cette croissance se limite au niveau physique. À moins d'être dressés par les hommes, les animaux ne font jamais rien qui diffère des habitudes de leurs ancêtres. Aujourd'hui, le chat miaule exactement comme ses prédécesseurs des milliers d'années auparavant et les ânes braient comme leurs ancêtres. Un âne ne peut pas chanter comme un être humain, même si un être humain peut imiter le braiment d'un âne. Les humains ont évolué. Au début, nous ne faisions que des gestes, puis nous avons émis des sons et des grognements primitifs, ensuite nous avons communiqué par un langage restreint. Plus tard encore, nous avons commencé à écrire, à chanter et même à envoyer des E-mails.

L'histoire de l'évolution humaine est celle de notre croissance à quatre niveaux différents, physique, mental, intellectuel et spirituel. Il fût une époque où la force musculaire était considérée supérieure à toutes les autres qualités humaines. Avec la révolution industrielle et le développement de l'éducation et de la civilisation, l'intelligence est la qualité qui a le plus de valeur dans le monde d'aujourd'hui. Maintenant, pour arriver le premier, les gens utilisent leur intellect, plutôt que leur force brute. Mais est-ce un signe de véritable croissance ? À moins de croître simultanément et systématiquement sur les quatre plans, nous ne pouvons prétendre avoir véritablement évolué.

Amma répète souvent : « Le corps grossit dans toutes les directions, mais pas le mental. » Car avec une quantité suffisante de nourriture et de sommeil, tout le monde se développe physiquement. Cela ne requiert aucun effort de notre part. Il n'est pas possible non plus d'améliorer les mécanismes inconscients du corps, parce qu'ils ne fonctionnent pas volontairement. Nous ne pouvons pas optimiser notre façon d'utiliser le foie, ni affiner la circulation sanguine, ni encore perfectionner le système neurovégétatif. Nous pouvons seulement améliorer indirectement ces fonctions en nous maintenant en bonne santé. Nous ne pouvons modifier une activité que si son fonctionnement est conscient.

Nous pouvons, par exemple, cultiver par un effort conscient, la patience, le discernement et la compassion. La présence consciente est donc le facteur clé de notre évolution si nous voulons grandir mentalement, intellectuellement et spirituellement. Car, si la croissance physique est limitée, le potentiel de croissance des trois autres niveaux, lui, est illimité. Même si le potentiel infini du Soi est présent en chacun de nous, le degré avec lequel il se manifeste, varie. Ainsi, une ampoule de cent watts et une de dix s'allument toutes les deux grâce à la même électricité. Les conditions de l'instrument font briller beaucoup plus celle de cent watts que celle de dix.

La croissance aux niveaux mental, intellectuel et spirituel n'est pas un processus naturel. Elle nécessite un effort personnel conscient et de la persévérance. Le beurre est présent sous forme latente dans le lait mais, pour l'obtenir, il faut battre la crème assez longtemps. De même, si nous faisons continuellement des efforts, il n'y a pas de limite à l'amour et à la compassion que nous éprouverons pour les autres. Nous pouvons cultiver l'amour et la compassion universels et embrasser ainsi toute la création. Amma en est l'exemple vivant. Elle montre combien notre cœur peut grandir. C'est ce qu'on appelle la croissance mentale.

Selon le Védanta, ne l'oublions pas, le mental est le siège des émotions, et l'intellect, la faculté de prendre des décisions. La croissance mentale implique de développer la maturité émotionnelle aussi bien que l'amour inconditionnel, la compassion, la bonté, la patience, etc. C'est la mise en pratique des vertus qui témoigne d'une croissance mentale saine.

Nous pouvons également beaucoup grandir au niveau intellectuel. Nous pouvons étudier l'univers, des particules sub-atomiques aux galaxies en continuelle expansion. Si nombreux sont les domaines d'études qu'une personne ordinaire ne peut pas tous les énumérer. Dans le champ de la physique seule, la connaissance actuelle est si vaste qu'il n'est plus possible à un étudiant d'en faire le tour, même en y travaillant toute sa vie ; il doit se spécialiser dans un domaine restreint. Ainsi, notre capacité de croître intellectuellement est virtuellement infinie, et n'est limitée que par la durée de notre vie.

Cependant, la mesure réelle de notre croissance intellectuelle est le développement de notre pouvoir de discernement. Quand nous allons à l'université, l'intellect se développe remarquablement, mais l'utilisation adéquate de cette croissance dépend du discernement acquis parallèlement à l'expansion de l'intellect. La fission de l'atome peut être utilisée pour générer une vaste quantité d'électricité, ou pour fabriquer des bombes nucléaires capables de réduire en cendres la planète entière. Grâce au discernement, nous n'utilisons pas nos compétences intellectuelles pour créer plus de souffrance, mais pour la réduire. En aidant ceux qui sont autour de nous et l'ensemble de la société, nous amenuisons la souffrance d'autrui. En distinguant le permanent du transitoire, nous diminuons notre propre souffrance.

Le quatrième niveau de croissance est d'ordre spirituel. Si nos qualités montrent notre progression mentale, et si le pouvoir de discernement détermine le développement de l'intellect, le critère de la croissance spirituelle est l'élargissement du petit « moi ». Pour l'instant, la plupart d'entre nous sont conditionnés à penser qu'ils sont un corps physique pourvu de facultés mentales et intellectuelles. Une plus large définition de nous-même inclut notre famille, notre profession et notre pays. Mais il nous faut reconnaître les limites de notre conditionnement actuel et tenter de graduellement les repousser, jusqu'à pouvoir embrasser toute la création comme notre véritable Soi. En fait, notre nature réelle est *Brahman*, qui est infini, omniscient, omnipotent et omniprésent. Notre croissance spirituelle peut donc se poursuivre à l'infini. Quand nous réalisons la nature du Soi authentique, nous comprenons que nous sommes, en fait, infinis.

Un *Satgourou* a atteint ce but et peut aider les autres à l'atteindre aussi. Bien sûr, chacun d'entre nous a le potentiel pour parvenir au même état qu'Amma parce que nous sommes tous essentiellement une seule et même Conscience. C'est pourquoi Amma s'adresse à tous ses enfants en tant qu'« Omkara divya porule », ce qui signifie : « l'essence du Om ».

Le *Satgourou* commence à travailler sur nous aux niveaux mental et intellectuel et nous amène lentement jusqu'à notre demeure éternelle de béatitude infinie. Au niveau mental, il nous aide à surmonter notre négativité et à développer nos qualités. Au niveau intellectuel, il nous fait comprendre ce qui est éternel et ce qui est éphémère et comment distinguer l'un et l'autre. Au niveau spirituel, l'amour et la compassion illimités du *Satgourou* dissolvent l'ego et nous permettent de réaliser notre unité avec le maître et avec toute la création.

La tâche du maître spirituel est avant tout de nous aider à grandir mentalement et spirituellement. Il y a beaucoup d'exemples de gens riches dont le seul but, jusqu'à ce qu'ils rencontrent Amma, était d'accumuler plus de fortune pour eux-mêmes et leur famille. Après avoir rencontré Amma, ils ont abandonné une grande partie du confort auquel ils étaient habitués. Ils mènent à présent leur vie dans un esprit de renoncement, tout en offrant leurs temps et leurs ressources à ceux qui sont dans le besoin. C'est un exemple de croissance mentale. Il y a aussi des gens au tempérament très vif qui s'emportaient à la moindre occasion. Après avoir rencontré Amma, ils demeurent calmes et tranquilles même quand ils traversent des circonstances difficiles.

Un médecin venait à l'ashram pour y donner gratuitement des consultations. Cependant, il était très coléreux, et disputait souvent très durement ses patients. Les résidents de l'ashram se plaignirent à Amma de ses emportements qui faisaient que, même malades, ils avaient peur d'aller le voir. Amma lui rapporta ce qu'on disait de lui. Il reconnut qu'il avait mauvais caractère et dit qu'il avait lutté pour s'en débarrasser, mais en vain. « Mon fils, Amma peut t'aider à contrôler ta colère à condition que tu lui promettes une chose. » lui répondit Amma. Le docteur parut hésiter. Amma lui dit de ne pas se faire de souci, et que ce qu'elle lui demanderait serait à coup sûr en son pouvoir. Rassuré par ces paroles, il acquiesça, il ferait ce qu'Amma lui demanderait. Amma lui donna une photographie d'elle encadrée et sous verre et lui recommanda : « Mon fils, chaque fois que tu te sentiras en colère contre quelqu'un, Amma veut que tu frappes cette photo de toutes tes forces. » Le médecin fut choqué par ces instructions, mais comme il lui avait promis de lui obéir, il résolut de faire de son mieux.

Le lendemain, il s'emporta à plusieurs reprises contre les patients selon son habitude. À chaque fois, il attendait que le malade s'en aille, puis il tapait doucement la photo d'Amma. Quelques jours plus tard, Amma lui demanda où il en était avec sa colère. Le docteur répondit qu'il faisait quelques progrès, mais qu'il continuait à perdre son sang-froid. Amma a voulu savoir s'il frappait la photo de toutes ses forces. Il avoua alors qu'il ne faisait que tapoter l'image, car il n'arrivait pas à se résoudre à donner un grand coup sur un portrait d'Amma. Elle lui rappela sa promesse et insista pour que la prochaine fois qu'il s'emporte, il frappe la photo de toutes ses forces.

Le médecin retourna à son cabinet en prenant la résolution de faire bien attention à ne pas se mettre en colère. Il se remémorait qu'autrement, il aurait à taper très fort la photo d'Amma, ce dont il se sentait bien incapable. Le lendemain, par la force de l'habitude, il réprimanda durement un malade qui n'avait pas suivi ses conseils. Quand le patient fut parti, le docteur se dirigea vers le cadre qui pendait au mur. Prenant son courage à deux mains, il frappa l'image d'Amma très fort : le sous-verre se brisa. Réalisant immédiatement ce qu'il venait de faire, il en fut comme foudroyé. Bourré de remords, il ne put rien manger trois jours durant.

Par la suite, un grand changement s'est opéré en lui. Ses patients ont même commencé à louer son incroyable gentillesse et sa patience. Plusieurs mois plus tard, Amma l'a libéré de sa promesse en le mettant en garde : il devait toujours rester vigilant par rapport à sa colère. Il semble que dans ce cas, la mesure prise ait été extrême, mais Amma savait que c'était le seul moyen d'aider le médecin à contrôler son mauvais caractère. C'est de cette façon qu'elle l'a aidé à croître mentalement.

La croissance spirituelle consiste à assimiler des principes spirituels tels que le détachement, l'altruisme et l'abandon à la volonté divine. Amma incarne toutes ces qualités à la perfection. Nous pouvons les cultiver en l'observant et en essayant de suivre son exemple et ses instructions.

Il y a des années, les responsables du temple d'un village des environs de l'ashram m'ont demandé de venir réaliser un programme là-bas. Comme d'habitude, j'ai demandé la permission à Amma avant de leur donner ma réponse. Amma était d'accord pour que j'y aille, et nous avons fixé le *satsang* pour la semaine suivante.

Le jour prévu, j'arrive au temple à 16 heures 30. Pas un chat ! Comme le programme ne devait pas commencer avant 17 heures, je ne m'inquiète pas. J'attends patiemment. Mais à l'heure fixée, il n'y a toujours personne pour assister au *satsang*. Je décide d'attendre encore un peu avant de commencer. 17 heures 15, puis 17 heures 30 et enfin 17 heures 45 passent, et personne ne vient.

Vers 18 heures, deux hommes qui semblent n'être là que pour le rituel du temple, me voyant assis là, s'installent pour écouter ce que j'ai à dire. Alors, je commence par psalmodier les prières d'introduction. Habituellement, les prières prennent une minute ou deux, mais espérant que d'autres gens vont arriver, je les prolonge, verset après verset, tout en ouvrant discrètement un œil pour vérifier si de nouveaux auditeurs se présentent. De cette façon, je fais durer les prières d'introduction pendant dix minutes.

À la fin, je vois un groupe de gens approcher et j'arrête les prières. Je commence à parler mais je réalise bientôt que ces derniers arrivés ne sont pas non plus venus pour m'écouter. Ils restent un moment debout dans le hall, puis entrent prier dans le temple. Vu la situation, le long discours que j'avais préparé se réduisit à quelques minutes, après quoi je fermai les yeux et chantai des *bhajans* jusqu'à ce que j'entende les prêtres du temple faire les préparatifs pour l'*arati* (rituel durant lequel on fait tourner du camphre enflammé devant l'image de la déité). À ce moment-là, il y avait une vingtaine de personnes dans le hall, et je n'avais pas la moindre idée s'ils étaient venus pour le programme ou non. Lorsque l'*arati* du temple s'acheva, je chantai l'*arati* d'Amma et rentrai à l'ashram.

Bouleversé de la façon dont s'était déroulé le programme, j'allai voir Amma. Je faisais triste mine, bien conscient qu'elle connaissait à l'avance le nombre de gens qui assisteraient au programme. Je lui dis que vu les circonstances, elle n'aurait pas dû m'y envoyer. « Amma t'a dit de donner un *satsang*, pas de compter le nombre de personnes qui y participeraient, me répondit-elle. Les gens ne se sont pas déplacés au temple pour le programme car il était retransmis par des haut-parleurs. Tu ne sais pas combien d'auditeurs écoutaient chez eux. De nombreuses personnes attendaient le *satsang*. Tu aurais dû commencer à l'heure prévue et donner ton discours au complet. »

Elle poursuivit : « Si Amma te demande de faire quelque chose, tu dois essayer de le faire sans te soucier du résultat. » Quand Amma a dit cela, j'ai réalisé mon erreur. Chaque fois que le *Satgourou* nous dit de faire quelque chose, il y a certainement une bonne raison à cela, même si à ce moment-là, ce n'est pas clair pour nous.

Quelques années plus tard, en Colombie, je devais conduire une *pouja* pour Dévi à Bogota. Vers midi, je suis allé sur le lieu du programme pour aider à préparer la salle. Je ne devais pas commencer à parler avant 18 heures, mais les gens se sont rassemblés dès 14 heures. La préparation étant terminée vers 15 heures, je suis retourné à l'endroit où je logeais. En partant, j'ai remarqué qu'il y avait déjà une foule assez importante dans le hall, et j'ai supposé qu'il devait y avoir une autre réunion cet après-midi-là. Lorsque je suis revenu, juste avant 18 heures, j'ai été très surpris de voir une longue queue à l'extérieur du bâtiment. J'ai tout de suite pensé qu'il devait y avoir quelque problème à l'intérieur du hall, et qu'on avait demandé aux gens d'attendre dehors. Mais quand je suis entré, j'ai vu que la salle était pleine à craquer. Une queue attendait dehors parce qu'il n'y avait plus de place à l'intérieur. J'ai supposé qu'il y avait dû y avoir une erreur dans l'annonce du programme, et que tout le monde s'attendait à ce qu'Amma elle-même soit là.

J'ai immédiatement interrogé un des organisateurs du programme pour savoir s'il y avait eu une erreur dans l'annonce. Il m'a dit que non et a admis qu'il était lui-aussi très surpris par l'affluence du public. J'ai commencé à me sentir nerveux. Si tous ces gens espéraient voir Amma, comment pourrais-je les satisfaire ? Je peux seulement faire un discours, chanter quelques *bhajans* et conduire la *pouja*. Je me suis senti absolument impuissant. J'ai prié : « Amma, comment vais-je pouvoir rendre ces gens heureux ? Par moi-même, c'est impossible ! C'est seulement par ta grâce qu'ils pourront être satisfaits du programme. »

En priant ainsi, j'ai commencé comme prévu. J'ai fait un discours, chanté quelques *bhajans* et dirigé la *pouja*. Cependant, je n'avais pas l'impression que c'était moi qui agissais. Je sentais qu'à travers moi, quelqu'un d'autre menait le programme. Il m'a semblé que cinq minutes s'étaient écoulées, alors que le programme a duré trois heures, pendant lesquelles, personne n'est sorti du hall. À la fin, les gens se sont rassemblés autour de moi. Ils se sont précipités pour me toucher de la main ou avec leur médaille, expliquant qu'ils voulaient absorber un peu de cette énergie spirituelle qui émanait de moi. J'étais très surpris de leur comportement. Comment pouvaient-ils ressentir une chose pareille venant de moi ? J'ai réalisé ensuite que c'était purement la grâce d'Amma.

Quand j'ai raconté cet incident à Amma, elle a expliqué : « Si tu te rends complètement vide, si toi-même, tu disparais, Amma peut totalement entrer en toi. Parce que tu t'es senti tellement impuissant, tu as été capable de t'abandonner entièrement à Amma. Cela a permis à l'énergie d'Amma de s'écouler à travers toi. » Ainsi, si nous agissons avec la juste compréhension spirituelle, nous devenons un instrument parfait pour recevoir la grâce divine.

Si je compare le programme de Bogota à celui du village près de l'ashram, je vois qu'Amma m'a aidé au cours des années à mieux comprendre les principes spirituels. Si nous ne sommes pas mûrs sur le plan intellectuel, nous ne savons pas agir avec justesse. Si nous ne sommes pas mûrs mentalement, nous ne sommes pas motivés pour agir correctement. Et c'est la maturité spirituelle qui nous aide à agir sans être attachés au résultat. Ainsi, la maturité spirituelle est le fondement de tous les autres aspects de croissance. Si nous sommes mûrs sur les plans intellectuel et mental, mais que nous restons attachés aux résultats de nos actions, nous finissons par être frustrés ou déprimés, et nous perdons notre enthousiasme pour servir le monde et persévérer dans nos pratiques spirituelles. Voilà pourquoi il est si important d'avoir une croissance globale.

Au lieu de nous développer seulement sur le plan physique, essayons de nous développer également sur les plans mental, intellectuel et spirituel. Alors, nous pourrons atteindre le but de cette vie humaine.

# Chapitre 20

## *La raison pour laquelle Vénus est plus chaude que Mercure : l'importance de la réceptivité*

N'approchons pas Amma uniquement pour satisfaire nos désirs matériels. Cela équivaut à ne demander qu'une carotte au roi qui est prêt à nous offrir tout son royaume. Amma est prête à nous mener jusqu'au but ultime de la vie, et nous ne devrions pas nous contenter de moins que cela. Cependant, pour recevoir ce qu'elle veut nous offrir, il nous faut devenir réceptifs.

Amma nous guide constamment et nous procure ce dont nous avons besoin, mais nous ne recueillons pas tout le bénéfice de ce qu'elle nous donne à cause de notre manque de réceptivité. La simple proximité physique du maître spirituel ne suffit pas. Le plus important, c'est notre réceptivité.

Dans le système solaire, Mercure est la planète la plus proche du soleil ; logiquement, elle devrait aussi être la plus chaude. En fait, c'est Vénus qui est la plus chaude. Pourquoi cela ? C'est parce qu'il y a quelque chose de spécial dans l'atmosphère entourant Vénus qui lui permet d'absorber davantage la chaleur du soleil. Il en va de même avec le gourou : ce n'est pas la seule proximité qui compte, mais aussi le degré de réceptivité du disciple.

Si nous manquons de réceptivité, nous n'entendons pas les paroles du maître spirituel telles qu'elles sont exprimées. Elles sont toujours colorées et déformées par notre propre point de vue et nos tendances. Chacun interprète les paroles du gourou à sa façon.

Par exemple, quand Amma donne le *darshan*, elle chuchote différentes choses à l'oreille de chacun, soit dans la langue maternelle du dévot, soit dans sa propre langue maternelle, le malayalam. Elle dit par exemple : « Mon koutta », qui signifie « fils chéri», ou « moutte, moutte, moutte », qui veut dire : « Mon enfant précieux, mon enfant précieux ».

Mais quelle que soit la langue utilisée par Amma, s'il y a dix personnes qui écoutent, elles entendent dix choses différentes. Un homme est venu me voir et m'a confié qu'il avait entendu Amma lui dire à l'oreille : « Tomorrow, tomorrow, tomorrow », c'est-à-dire « demain » en anglais. C'est parce que le lendemain, il espérait réussir son entretien d'embauche. Une femme se sentait coupable de certaines mauvaises habitudes, alors quand Amma lui a dit en anglais : « My daughter, daughter, daughter » c'est-à-dire « ma fille », elle a entendu « naughty, naughty, naughty » soit « vilaine, vilaine, vilaine ». Un autre homme avait acheté un régime de bananes pour l'offrir à Amma, mais il l'avait oublié dans sa chambre. Quand il est passé au *darshan*, Amma lui a dit : « Ponnou mone, ponnou mone » (qui signifie « mon fils chéri »), mais il a entendu « banana, banana, banana », (banane, banane, banane). Les préoccupations mentales de ces personnes les ont empêchées d'entendre ce qu'Amma leur disait.

Un vieillard de quatre-vingt-douze ans se rend chez le docteur pour un examen médical. Quelques jours plus tard, le médecin voit le vieil homme marcher dans la rue avec une très jolie jeune femme pendue au bras. Le médecin assez surpris fait ce commentaire : « Oh la la ! Vous êtes en grande forme, n'est-ce pas ? »

Le grand-père répond : « Je ne fais que suivre vos conseils, Docteur : Trouvez-vous une jolie femme et soyez heureux.

N'est-ce pas ce que vous avez suggéré ?» («Get a hot mama and be cheerful.»)

Le médecin réplique : « Non, ce n'est pas ce que j'ai dit ! Je vous ai dit : Vous avez un souffle au cœur, alors faites attention ! («You've got a heart murmur, so be careful !») [5]

De la même façon, le véritable sens des paroles du maître est souvent obscurci par nos préférences, nos peurs et nos désirs personnels. Dans ce cas, le maître ne peut pas vraiment nous aider. Pour bénéficier des paroles du maître, nous devons nous ouvrir au maximum à ce qui est dit en réalité, et devenir aussi ouverts et réceptifs qu'un enfant innocent.

Connaissez-vous l'histoire des quatre copains ? Trois copains se liguent toujours contre le quatrième au cours de leurs discussions. Un jour, au cours d'un débat, le quatrième ami soulève une question très pertinente. Suivant leur habitude, les trois premiers réfutent dédaigneusement son point de vue. Le quatrième se sent si triste qu'il se met à prier Dieu à haute voix : « Oh Seigneur, s'il Te plaît, donne un signe à mes camarades pour prouver que j'ai raison.» Immédiatement, de sombres nuages se rassemblent dans le ciel qui avait été, jusque-là, totalement clair et dégagé. Le quatrième copain montre du doigt le ciel et s'écrie : « Voyez, Dieu a envoyé un signe prouvant que j'ai raison !» Les trois autres se moquent de son affirmation et prétendent qu'il s'agit d'une pure coïncidence. De plus en plus frustré, le quatrième ami supplie Dieu d'envoyer un signe plus déterminant pour convaincre ses compagnons. Aussitôt, l'atmosphère résonne de coups de tonnerre et des éclairs illuminent le ciel qui s'est fortement assombri. Il

---

[5] Cette blague anglaise est impossible à traduire en français. Elle suppose que le vieil homme, un peu sourd, a entendu une phrase proche au niveau sonore, mais qui évidemment a un sens tout différent. Il n'est pire sourd que celui qui ne veut pas entendre… (Note du traducteur)

s'exclame joyeusement : « Maintenant, il n'y a aucun doute. Dieu est de mon côté ! »

Mais, les trois autres, nullement impressionnés, haussent les épaules en disant : « Oh, ce n'est rien. Quand des nuages noirs s'accumulent, il est courant d'entendre le tonnerre et de voir des éclairs. »

En désespoir de cause, il pousse un cri vers Dieu : « Oh Seigneur, s'il Te plaît, envoie-leur un signe indiscutable pour montrer que Tu es avec moi ! »

En réponse, une voix profonde retentit d'en haut : « Écoutez donc votre ami. Son point de vue est juste. »

En entendant la voix de Dieu, les trois compères concluent : « Bon, Dieu est d'accord avec toi. Mais nous en sommes encore à trois contre deux. »

Cette histoire montre que certains s'accrochent à leurs concepts personnels aussi ridicules ou peu réalistes qu'ils soient. Ils ne sont pas du tout ouverts ni réceptifs. Même si Amma elle-même donne des conseils à ce genre de personnes, elles n'en feront qu'à leur tête. C'est pourquoi Amma dit qu'il est facile de tirer du sommeil quelqu'un qui dort, mais très difficile de réveiller quelqu'un qui fait semblant de dormir. Tâchons de ne pas nous comporter comme les trois amis de l'histoire. Essayons d'être ouverts et réceptifs à ce qu'Amma voudrait nous enseigner. Si nous pensons déjà tout savoir, nous ne pouvons rien apprendre.

# Chapitre 21

# *Comment développer la vraie dévotion*

évelopper notre dévotion pour Dieu, pour notre maître ou pour notre but spirituel est très important si nous voulons progresser spirituellement. La dévotion pour le maître et la dévotion pour Dieu sont une seule et même chose. Un *Satgourou* est un avec Dieu. Même s'il a une forme humaine, le *Satgourou* ne se ressent pas comme un individu qui a développé l'illusion « Je suis Untel et j'ai fait telle et telle chose. » C'est le pouvoir universel de Dieu qui se manifeste à travers le *Satgourou*. Tout ce qui vient du *Satgourou* vient donc de Dieu. Lorsqu'Amma ou n'importe quel autre *mahatma* dit « moi » ou « je », comme par exemple le Seigneur *Krishna*, qui déclare dans la *Bhagavad Gita* : « Je suis le fondement de toute chose. », ils ne font pas référence au corps, ni à leur forme particulière, mais à la Conscience Suprême dans laquelle ils sont établis.

Quand nous développons notre dévotion, nous devons nous assurer, précise Amma, qu'il s'agit bien de la *tattva bhakti* qui est basée sur une compréhension et une connaissance justes. Autrement, notre amour pour Dieu n'est pas stable : Nous ressentons une profonde dévotion tant que les choses vont bien, mais quand les difficultés se présentent, elle décline. Par contre, si notre dévotion est fondée sur la connaissance, nous prions Dieu parce que nous L'aimons et que nous voulons réaliser la Vérité. Nous ne considérons pas Dieu comme un moyen de satisfaire nos désirs.

Avec *tattwa bhakti*, nous savons que tout ce qui nous arrive, bon ou mauvais, est le résultat de nos propres actions dans cette vie ou dans des vies précédentes. Les épreuves rencontrées ne sont pas dues au manque de compassion de Dieu envers nous. Les événements heureux ne sont pas non plus les fruits d'une faveur divine spéciale. Tout arrive conformément à notre *prarabdha*. Dans ce processus, Dieu n'a qu'un rôle de témoin. Amma recommande : « Séparez votre dévotion des expériences qui vous adviennent. Elles sont toutes créées par vos propres actions passées. Dieu n'a rien à voir avec cela. Il a établi un ensemble de lois cosmiques. Si vous respectez ces lois, vous aurez de bonnes expériences, et si vous les transgressez, vous récolterez, en conséquence, de mauvaises expériences. Bien entendu, certaines difficultés peuvent disparaître en priant sincèrement. D'autres, toutefois, ne peuvent pas être évitées. Il faut alors prier pour avoir la force de leur faire face avec équanimité. »

Cela ne veut pas dire que nous devons rejeter la responsabilité de tout ce qui nous arrive sur notre *prarabdha*. Supposons que je roue quelqu'un de coups. Quand la police arrive pour m'emmener en prison, je ne peux pas blâmer mon *prarabdha*. Je sais très bien que je ne dois pas frapper les gens, et que si je le fais, je serais puni. Alors, si j'ai battu quelqu'un et que je vais en prison, pourquoi accuser mon *prarabdha* ? Il ne s'agit pas de *prarabdha*, mais du résultat immédiat de mon comportement.

Notre *prarabdha* est la cause de ce qui nous arrive malgré nos efforts. Si nous sautons du haut d'un arbre, nous savons que nous risquons de nous casser la jambe. Alors, si nous le faisons, et que cela arrive, nous ne pouvons pas prétendre que cette fracture est due à notre *prarabdha* . Mais si par contre, nous en sortons indemnes, nous pouvons affirmer que c'est le résultat de notre bon *prarabdha*. Autrement dit, il existe des lois générales gouvernant la vie sur Terre. Si la règle générale ne s'applique pas à nous dans une situation particulière, nous pouvons en conclure que cette exception est le résultat de notre bon *prarabdha*. Mais nous ne pouvons pas constamment accuser le *prarabdha* de tout ce qui se passe. Si, malgré des études sincères et un travail soutenu, nous n'obtenons pas de bons résultats à un examen, c'est à cause de notre mauvais *prarabdha*. Mais si nous n'avons pas étudié et que nous échouons, notre *prarabdha* n'en est pas responsable .

Je me souviens d'un dévot qui était avec Amma depuis des années, et à qui Amma avait donné de nombreuses expériences merveilleuses. Malgré cela, sa dévotion restait instable et il a cessé de venir voir Amma. Nous pouvons beaucoup apprendre de son histoire.

Quand Amma a commencé le *Krishna Bhava*, certains ont reconnu la divinité d'Amma immédiatement. Et d'autres sont restés très sceptiques. Ils avaient des doutes concernant la manifestation du Seigneur *Krishna* dans un corps humain.

Parmi les sceptiques se trouvait un croyant. En fait, c'était un dévot de *Krishna*. Chaque fois qu'il y avait un événement heureux comme un anniversaire ou un mariage, ce dévot était invité par les familles pour leur faire la lecture du *Srimad Bhagavatam*, texte sacré décrivant le jeu divin du Seigneur *Krishna*.

Ses amis, qui avaient déjà vu Amma en *Krishna Bhava*, l'ont pressé d'aller la voir puisqu'il était dévot de *Krishna*. Il a refusé. Il ne croyait pas que *Krishna* puisse apparaître dans le corps de cette jeune femme.

Comme ses amis insistaient pour qu'il rencontre Amma, il a fini par accepter, mais en déclarant qu'il lui faudrait une preuve qu'Amma manifestait bien le Seigneur *Krishna* pour y croire.

Lors d'un *Krishna Bhava*, Amma donnait le *darshan* à ses dévots à l'ashram, quand soudain, elle sortit du temple et partit à pied, sans dire à quiconque où elle allait. Les dévots furent très surpris de son brusque départ. Beaucoup se mirent à la suivre, mais Amma continuait à marcher sans s'arrêter, et elle allait si vite que les autres devaient courir pour rester à sa hauteur.

Bien qu'elle n'y soit jamais venue auparavant, et que personne ne lui ait indiqué comment s'y rendre, ni demandé de le faire, Amma est allée tout droit à la maison de ce dévot de *Krishna*. Elle a parcouru tout le trajet de sept ou huit kilomètres à pied. En entrant dans la pièce consacrée aux prières, Amma a pris une coupelle sur l'autel qui contenait du riz au lait et en a mangé un peu. Le dévot fut abasourdi en la voyant faire. Il préparait quotidiennement du riz au lait qu'il déposait dans la salle de prières pour le Seigneur *Krishna*. Et il voyait maintenant qu'Amma était venue et avait accepté son offrande. À partir de ce jour-là, il fut un dévot convaincu d'Amma.

Plus tard, il a expliqué que, ce matin-là, en déposant le dessert sur l'autel, il s'était dit qu'il ne croirait qu'Amma était le Seigneur *Krishna* que si elle venait et acceptait son offrande.

Une autre fois, ce même dévot est allé se baigner dans un étang où il s'est aventuré accidentellement dans un endroit trop profond pour lui. Ne sachant pas nager, il était en train de se noyer. Par la grâce d'Amma, il se souvint d'elle alors qu'il se débattait pour survivre, et il se mit à crier : « Amma ! Amma ! » Soudain, il vit Amma debout au-dessus de l'eau juste devant lui. Elle lui montrait comment utiliser les bras et les jambes pour rester à la surface et sortir de l'eau. Au moment où il pensait ne pas pouvoir suivre ses instructions, il sentit une force extérieure bouger ses membres pour qu'il sorte de l'eau. Et c'est ainsi qu'il a eu la vie sauve. Il racontait souvent aux autres ces profondes expériences.

Ce dévot avait adopté un orphelin. Amma a autorisé ce garçon à monter une échoppe de thé sur le terrain appartenant à l'ashram. En ce temps-là, il n'y avait pas de restaurants ni de cafés près de l'ashram. Comme des centaines de dévots d'Amma s'arrêtaient à son échoppe, ses affaires marchaient très bien. Il gagnait beaucoup d'argent et en donnait la plus grande partie à son père adoptif. Le dévot n'avait même pas à travailler grâce à l'argent qu'il recevait ainsi. Ils étaient tous les deux très contents de leur situation.

Les années passèrent, et de plus en plus de gens vinrent voir Amma. Il y avait souvent une foule importante à l'ashram, et plus assez de locaux pour recevoir le nombre croissant de visiteurs. Amma souhaitait construire plus de chambres, ainsi qu'un hall de prières et un réfectoire. Elle expliqua la situation au garçon et lui demanda de déplacer son échoppe afin que le terrain occupé par sa boutique puisse être utilisé pour accueillir les dévots. Le garçon rapporta à son père adoptif la requête d'Amma. Il en fut très contrarié car ce commerce leur rapportait beaucoup à tous les deux : « Pourquoi Amma demande-t-elle à mon fils de bouger son échoppe ? »

Il faut dire qu'à cette époque, la plupart des gens, et particulièrement les villageois des alentours, avaient une conception d'Amma différente des dévots d'aujourd'hui. Les villageois savaient qu'Amma manifestait le *Dévi Bhava* et le *Krishna Bhava* [6]certains jours de la semaine. Ils pensaient que c'était seulement

---

[6] 1Amma donne régulièrement un darshan spécial durant lequel elle apparaît sous la forme, avec les attributs, et dans l'habit de *Dévi*. Elle est alors complètement identifiée à Dieu sous la forme de la Mère divine. Auparavant, elle donnait également le *darshan* en *Krishna Bhava*. Au sujet de ces *bhavas* particuliers, Amma a dit un jour : «Tous les dieux du panthéon hindou, qui représentent les innombrables aspects de l'unique Être Suprême, existent à l'intérieur de nous. Celui qui possède un pouvoir divin peut manifester, par sa seule volonté, n'importe lequel de ces aspects, pour le bien du monde. Voilà une fille un peu folle qui s'habille en *Krishna* puis en *Dévi*, mais c'est à l'intérieur de cette fille un peu folle que tous deux existent. Pourquoi parer un éléphant ? Pourquoi le policier met-il un uniforme et un képi ? Tous ces moyens extérieurs sont utilisés pour créer une certaine impression. De la même façon, Amma revêt les costumes de *Krishna* ou de *Dévi* afin de renforcer l'attitude dévotionnelle des gens qui viennent au *darshan*. »

ces jours-là qu'Amma se transformait en Dieu, en Mère divine ou bien en *Krishna*. Dans leur esprit, elle était alors visitée par des forces divines extérieures, et les autres jours, elle redevenait comme n'importe quel autre être humain ordinaire. Telle était leur croyance. C'est pourquoi, lorsqu'il entendit qu'Amma avait demandé à son fils de déplacer son échoppe, la première question de ce dévot fut : « Quand est-ce qu'Amma a dit ça ? » Il se demandait si c'était pendant le *Dévi Bhava* ou pendant un « moment ordinaire ». Et il poursuivit : « Il faut que je demande à Dévi ce qu'elle en pense. »

Pendant le *Dévi Bhava* ou le *Krishna Bhava*, les gens appelaient Amma « Amma » ou « *Krishna* ». Autrement, ils disaient « Kounjou », qui signifie « enfant », ou « Mol » qui veut dire « ma fille », ou encore « Soudhamani », le prénom d'Amma. Certains *brahmacharis*, qui pensaient qu'Amma et *Dévi* étaient séparées mais considéraient néanmoins Amma comme leur maître spirituel, l'appelaient « Amma » en temps ordinaire, et « *Dévi Amma* » pendant le *Dévi Bhava*. Nous venions parfois voir Amma au cours de la journée, et elle ne faisait pas du tout attention à nous. Elle parlait à un autre dévot ou bien elle était plongée en méditation. Quand cela arrivait, nous allions la trouver durant le *Dévi Bhava* pour nous plaindre : « Dévi Amma, Amma ne m'a même pas regardé aujourd'hui. S'il te plaît, dis-lui de faire plus attention à moi dorénavant. » Amma (en *Dévi Bhava*) répondait : « Ne t'en fais pas. Je vais en parler à Amma. » Parce que notre attitude supposait qu'Amma et Dévi étaient séparées, Amma faisait comme si c'était vrai.

Ce dévot vint donc interroger Amma pendant le *darshan* du *Dévi Bhava* : « *Dévi*, est-ce vrai que Kounjou a dit à mon fils de retirer son échoppe de la propriété de l'ashram ? »

Amma répliqua : « Kounjou a demandé à ton fils de déménager sa boutique car l'ashram a grand besoin de terrain. De nombreux dévots n'ont pas de place pour se reposer. Certains sont âgés et malades, et il leur faut un endroit adéquat pour se loger.» En entendant les paroles d'Amma, le dévot oublia qu'il s'adressait à *Dévi*. Il se fâcha au point de quitter immédiatement l'ashram et de ne plus jamais revenir voir Amma. Comme sa dévotion n'était pas fondée sur la connaissance, il n'a pas pu profiter de toutes les expériences magnifiques qu'il avait eues avec Amma. Il a suffi qu'Amma dise quelque chose qui lui déplaise, pour faire s'évanouir toute sa foi et sa dévotion.

Il considérait Amma comme un instrument bon à satisfaire ses désirs. Amma appelle ce genre de dévotion « la *bhakti* des affaires». Ce type de dévotion ne peut pas être stable car notre amour pour Dieu augmente chaque fois qu'Il exauce nos prières et diminue lorsque nous estimons que nos prières n'ont pas été entendues.

Quoi qu'il puisse arriver dans la vie, la dévotion authentique n'en est pas affectée. En lisant l'histoire de la vie d'Amma, nous constatons que sa dévotion pour Dieu était inébranlable, quelles que soient les épreuves qu'elle a traversées. Dans son enfance, Amma n'a reçu que des insultes et des mauvais traitements de la part de sa famille, de ses voisins et des villageois des environs. Mais sa dévotion n'a jamais faibli dans ces circonstances adverses. Chaque fois qu'elle rencontrait des difficultés, elle pensait : « Dieu me donne l'occasion de cultiver les qualités d'endurance et de patience.» Voilà l'attitude d'un vrai dévot.

Si nous développons ce genre d'attitude, nous ne trouvons aucune raison de nous emporter contre Dieu, même si les circonstances vont à l'encontre de ce que nous souhaitons. Nous considérons plutôt les expériences désagréables comme des occasions de cultiver la patience, l'acceptation et l'équanimité.

Quand les *brahmacharis* commettent des erreurs, Amma se montre très stricte avec eux car ils sont venus à elle dans le seul but de réaliser Dieu. Aussi, c'est avec ce but en tête qu'elle veut qu'ils accomplissent chacune de leurs actions. Un jour qu'un *brahmachari* avait fait une faute, Amma lui a dit : « Je ne vais plus te parler. » En entendant cela, il a été bouleversé. C'est la pire punition qu'on puisse recevoir d'Amma. Quand elle nous dispute, nous ne sommes pas trop affectés, mais si elle ne nous parle plus, nous éprouvons une très grande douleur. Tous les matins, ce *brahmachari* tentait de demander pardon à Amma qui refusait de l'écouter. Plus d'une semaine passa de cette façon. Finalement, il ne put en supporter davantage et après le *darshan* du matin, il suivit Amma de près jusque dans sa chambre. Avant que la porte ne se referme, il se glissa à son insu à l'intérieur de la pièce. Quand elle eut fermé la porte, elle trouva le *brahmachari* dans sa chambre.

Sans un mot, elle le prit par le bras et lui montra la porte. Il attendit dehors un moment, puis descendit les escaliers. Nous nous sommes heurtés, alors qu'il partait et il me raconta ce qui venait d'arriver. Puis il ajouta : « Mais je ne suis plus triste. En fait, je suis très heureux maintenant. »

— Amma ne t-a toujours pas adressé la parole, comment peux-tu être heureux ? lui ai-je demandé.

— Au moins, Amma m'a touché. Même si elle m'a montré la porte, elle me tenait par le bras. Cela me suffit, m'a-t-il répondu.

Plus tard, quand j'ai répété à Amma ce que le *brahmachari* m'avait confié, elle a été ravie de son attitude. Le lendemain, elle a recommencé à lui parler. Elle lui a expliqué qu'elle ne pouvait pas réellement se mettre en colère contre qui que ce soit et que le traitement auquel elle l'avait soumis n'était qu'une mise en scène pour le rendre conscient de sa faute.

Lorsque notre dévotion est authentique, nous ne critiquons jamais ni Dieu, ni le maître spirituel. Pour que notre dévotion ne vacille pas ni ne s'évanouisse, elle doit être construite sur le fondement solide de la connaissance. Ce type de dévotion iné-branlable accélère manifestement notre croissance spirituelle et renforce notre lien avec Dieu ou avec le gourou.

# Chapitre 22

# *La vision des Écritures*

Il est utile d'acquérir une connaissance de base des Écritures du Sanatana Dharma, particulièrement pour un chercheur spirituel. Les Écritures nous donnent une vision claire du but de la vie humaine et des moyens de l'atteindre. Connaître quelque peu les Écritures nous permet aussi de comprendre dans une certaine mesure les mahatmas.

Si nous n'étudions pas les textes sacrés, nous pouvons atteindre le but spirituel en observant minutieusement les actions et les paroles du *Satgourou* et en suivant implicitement ses instructions. Comme les *mahatmas* sont établis dans la Connaissance suprême, tout ce qu'ils disent équivaut à ce qui est écrit dans les textes sacrés. C'est pourquoi on les appelle « les Écritures vivantes. »

Quand nous avons décidé d'avoir un emblème pour l'ashram, nous nous sommes concertés pour savoir quelle citation sélectionner. À la fin, comme nous n'arrivions pas à nous mettre d'accord, nous sommes allés demander à Amma : « Nous avons besoin de ton aide. S'il te plaît, donne-nous une citation à mettre sur l'emblème de l'ashram. » Initialement, elle avait suggéré : « Sélectionnez simplement une citation quelconque que vous aimez. » Nous avons essayé, mais nous n'avons pas réussi à nous mettre d'accord. Un jour que nous parlions de choses et d'autres avec Amma, elle déclara de façon inattendue : « Mes enfants, la libération peut se gagner par le renoncement. » Bien sûr, elle avait parlé en malayalam, pas en sanscrit. Toutefois, un des *brahmacharis* s'est tout à coup souvenu d'une phrase très similaire des

Upanishads : « *tyagenaike amrtatvamanasuhu.* » Amma qui n'a jamais lu aucune des Écritures, a dit la même chose que le texte sacré. Avec la permission d'Amma, nous avons inséré cette citation dans l'emblème de l'ashram.

Les plus anciennes de toutes les Écritures, les Védas, n'ont pas été composées par un humain, mais « révélées » aux anciens sages clairvoyants ou *rishis*. Les mantras composant les Védas existaient déjà dans la nature sous forme de vibrations subtiles. Les *rishis* atteignaient un état d'intériorisation si profond qu'ils étaient capables de percevoir ces mantras.

Les Védas sont classées en deux parties. Le *Karma Kanda* (les rituels) décrit de nombreuses cérémonies pour satisfaire des désirs spécifiques. Supposons que vous vouliez avoir un enfant. Il y a un rituel pour cela. Si vous voulez aller au paradis, il existe un autre rituel. Il y a des milliers d'années, les gens accomplissaient déjà ces rituels pour satisfaire efficacement leurs désirs. Pour exaucer un désir particulier, on doit observer d'innombrables règles spécifiques. On doit sortir de son lit face à un point cardinal précis, psalmodier certains mantras avant, pendant et après le bain, avant les repas, etc. Ensuite, pendant le rituel lui-même, il y a beaucoup d'étapes à suivre, chacune accompagnée de mantras et de prières caractéristiques.

Certains de ces rituels durent plusieurs jours. Ces mantras sont efficaces pour exaucer un désir particulier mais ils ont aussi un effet subtil positif sur la personne qui les psalmodie. Si quelqu'un accomplit assez souvent ce genre de rituels, son mental se purifie et se tourne vers Dieu. Sous cette influence positive, il est possible qu'il devienne un chercheur spirituel. Le *Karma Kanda* aide les gens ordinaires à satisfaire leurs désirs ordinaires, et suscite simultanément en eux un intérêt pour la spiritualité.

La seconde partie des Védas appelée le *Jnana Kanda* (la Connaissance), se consacre exclusivement à *Brahman*, la Vérité

Ultime. Comparé à la partie des rituels, qui contient des milliers de pages, le *Jnana Kanda* est très bref. Ceci montre que les désirs sont multiples, mais que la Vérité, fondement de toute chose, est une. Bien qu'Amma soit un maître réalisé, la majorité d'entre-nous ne lui demandent pas la Connaissance spirituelle. Nous lui parlons de nos soucis quotidiens. Imaginons qu'à mes résultats d'examen, je n'ai pas obtenu la meilleure note, A, mais B+. Pour moi, c'est très grave parce que je voulais être le premier de ma classe. En vérité, ça ne changera rien à ma vie si je suis second. Mais si je confie ma peine à Amma, elle va exprimer sa sympathie, m'encourager et me donner sa bénédiction pour le futur.

Parfois les gens se plaignent à Amma de leur vache qui ne donne pas assez de lait, et demandent une bénédiction à ce sujet. Ou bien, ils disent : « Mon puits est à sec. Amma, aide-moi, s'il te plaît. » Elle leur donne un peu de *vibhouti* (cendre sacrée), et leur conseille d'en mettre dans la nourriture de la vache ou dans le puits. Même si ces problèmes sont insignifiants pour une âme qui a réalisé Dieu, ils sont très réels pour les gens ordinaires. Sachant cela, Amma prend grand soin d'écouter les dévots et cherche à résoudre leurs difficultés.

Si la première fois que nous avons rencontré Amma, elle nous avait déclaré : « Tout ce que vous désirez est *mithya* (éphémère). Seul Dieu est permanent. Ne demandez que la réalisation de Dieu. Je peux vous aider à atteindre Cela. » Nous serions, pour la plupart, partis en courant. Nous avons tous d'innombrables désirs. Et en allant voir Amma pour les combler, nous sommes peu à peu influencés de manière subtile par son amour inconditionnel et son énergie spirituelle. Petit à petit, nous nous tournons vers la spiritualité. De cette façon, nous voyons qu'Amma est bien une Écriture vivante. Elle fonctionne exactement comme les Védas. Elle aide ceux qui veulent uniquement connaître la Vérité suprême. Quant à ceux qui ont des désirs matériels, elle les aide à les satisfaire (dans la mesure où ce sont des buts et objectifs justes).

Amma explique que, pour bénéficier au maximum des Écritures, nous devons nous conformer aux devoirs qui y sont prescrits. Il ne suffit pas de lire les textes sacrés comme nous lisons le journal. Nous devons nous acquitter des devoirs et des responsabilités que les Écritures nous enjoignent. Remplir notre devoir n'est pas toujours agréable parce qu'il y a des choses que nous aimons et d'autres que nous n'aimons pas. Les Écritures insistent pourtant pour que nous accomplissions notre devoir et remplissions nos responsabilités. Quel bienfait pouvons-nous retirer à suivre ces instructions ? Lorsque nous faisons fidèlement notre devoir conformément aux textes sacrés ou à la volonté de notre maître spirituel, nous devenons peu à peu capables de transcender ce qui nous plaît et nous déplaît.

Les Védas nous disent : « *Satyam vada* », qui signifie : « Dis la vérité.» Nous n'avons pas toujours envie de dire la vérité, mais si nous voulons suivre les enseignements des Védas, nous essayons de le faire, même quand nous n'en avons pas envie. C'est ainsi que nous surmontons notre tendance à mentir quand cela nous arrange.

Nous évitons systématiquement les choses que nous n'aimons pas ou que nous pensons ne pas aimer. Mais si nous n'avons pas une compréhension adéquate, nous évitons aussi des choses qui pourraient nous être utiles ou bénéfiques. Obéir aux injonctions des Écritures est toujours salutaire.

Les Écritures ont classé toutes les actions possibles selon cinq catégories principales et donné divers conseils correspondant à chacune d'elles.

Le premier type d'action, appelé *kamya karma*, désigne celles que nous accomplissons afin de satisfaire nos multiples désirs. Les Écritures n'interdisent pas ce genre d'action, mais elles nous rappellent qu'agir de cette façon ne nous mène pas au but ultime de la réalisation du Soi. (Les rituels décrits dans le *Karma Kanda* appartiennent à cette catégorie de *kamya karma*). Amma dit qu'il n'y a rien de mal à agir pour satisfaire nos désirs, dans la mesure où nos actions restent justes, mais que nous devons comprendre que leur satisfaction ne nous offre pas un bonheur permanent. En outre, il est probable que nous ne réussirons jamais à combler tous nos désirs.

Le second type d'action, appelé *nitya karma*, s'applique à nos activités de tous les jours et aux règles quotidiennes. Même pour des gestes ordinaires, comme se brosser les dents, prendre une douche ou manger, des mantras spécifiques sont prescrits pour nous remémorer que ce n'est pas par notre propre pouvoir que nous faisons tout cela, mais par celui de *Brahman*, qui soutient l'univers entier. Penser ainsi nous aide aussi à nous souvenir du but spirituel de la vie. Pour ceux qui ont un gourou, suivre ses instructions pour les pratiques quotidiennes, constitue leur *nitya karma*. Amma suggère que nous répétions notre mantra et méditions chaque jour. Ceux qui ont un tempérament dévotionnel peuvent aussi psalmodier les cent huit noms ou les mille noms de la Mère Divine (ou de la déité de leur choix).

Les actions liées à des événements particuliers sont appelées *naimithika karma*. Il existe une cérémonie spéciale quand on donne son nom au nouveau-né, une autre lorsqu'il reçoit de la nourriture solide pour la première fois, une autre encore pour son premier anniversaire, etc. Tous les ans, nous devons faire des offrandes aux âmes des défunts, à nos ancêtres. Les *brahmanes* ont une cérémonie annuelle durant laquelle ils se défont de leur ancien cordon sacré et en mettent un neuf. De nombreux rituels de ce genre sont organisés à des occasions particulières. Nous en avons juste cité quelques exemples.

Amma nous demande d'aider et de servir les autres chaque fois que c'est possible. Elle va jusqu'à recommander que si nous n'avons pas l'opportunité de servir, nous devrions en créer une. Bien sûr, nous n'avons pas forcément l'occasion de servir autrui chaque jour, mais si nous faisons l'effort requis, nous trouvons certainement différents moyens d'aider les autres. Nous pouvons nous rendre régulièrement dans les hôpitaux, les maisons de retraite, les orphelinats et autres établissements de ce genre, et offrir nos services là où ils sont nécessaires.

De plus, beaucoup de gens n'ont pas la chance de pouvoir tous les jours réciter *l'archana* en groupe. Ils peuvent, chaque semaine ou chaque mois, rejoindre d'autres dévots pour participer à un programme commun *d'archana*, de méditation et de *bhajans*. Cette forme de *satsang*, pratiquée conjointement avec le service désintéressé, constitue le *naimithika karma* des enfants d'Amma.

Puis il y a certains actes (*nishiddha karma*) qui sont systématiquement à éviter. Les textes sacrés nous disent de ne pas mentir, de ne pas voler, de ne pas faire de mal aux autres, de ne pas les haïr, de ne pas tricher, de ne pas médire. Et cependant, si nous analysons notre vie, nous voyons qu'au moins de temps en temps, nous faisons ce genre d'actions interdites. Ce qui signifie que nous renforçons ces tendances négatives et qu'au lieu d'acquérir de bonnes vibrations positives en nous conformant aux devoirs prescrits par les Écritures, nous ne récoltons que des vibrations négatives. Ces négativités deviennent à leur tour un obstacle dans nos pratiques spirituelles.

Amma explique très clairement que lorsque nous nourrissons de mauvaises intentions envers autrui, nous devons nous remémorer qu'Amma est en chacun. Ou bien quand nous sommes en colère contre quelqu'un, nous devons essayer de nous souvenir du bien que cette personne nous a fait dans le passé. Amma fait ces suggestions afin de nous écarter du *nishiddha karma*, des actions condamnées par les Écritures.

Finalement, il existe des actions réparatrices pour anéantir ou réduire les résultats négatifs dont nous sommes destinés à faire l'expérience à cause des mauvaises actions que nous avons accomplies intentionnellement. Ces actions réparatrices sont appelées *prayaschitta karma*.

Les Écritures décrivent différents genres de *prayaschitta karma* selon le type d'action nuisible et son degré de nuisance. Ceux-ci incluent certains rituels ou règles à observer, ainsi que des dons précis aux œuvres charitables. On dit que les effets de nos mauvaises actions peuvent être réduits ou éliminés en observant *tapas* (austérités) sous la conduite d'un maître spirituel, ou bien par la grâce de Dieu.

De nombreux dévots ont trouvé dans leur horoscope la prédiction d'une tragédie à une certaine période de leur vie. Bien entendu, cet incident fait partie de leur destinée due à quelque mauvaise action commise dans le passé, soit dans cette incarnation présente, soit dans une vie précédente. Dans ce genre de cas, Amma donne souvent une instruction particulière comme jeûner, ou observer un vœu de silence un jour spécifique de la semaine pendant plusieurs mois ou plusieurs années. Si le dévot agit conformément au *prayaschitta karma* suggéré par Amma, le désastre est écarté.

Les Écritures nous enjoignent également d'effectuer le *panchamahayagna* (les cinq grands sacrifices). Quand nous entendons le mot « sacrifice », nous pouvons croire qu'il s'agit de tuer un animal pour l'offrir à Dieu. En fait, dans le *Sanatana Dharma*, le sacrifice n'a rien à voir avec le fait d'enlever la vie. Dans ce contexte, « sacrifice » signifie « partage ». Nous sacrifions notre propre confort et nos désirs égoïstes dans le but de développer l'esprit de partage avec tout un chacun : avec les êtres humains aussi bien que les animaux et les plantes. Ceci aide à maintenir l'harmonie dans la nature et dans le monde. Nous tuons tous des êtres vivants, volontairement ou involontairement. Quand nous marchons, il nous arrive, par mégarde, d'écraser des insectes ou d'autres êtres minuscules. De même, beaucoup d'insectes vivent dans l'écorce du bois destiné au feu. Lorsque nous faisons la cuisine ou que nous nous chauffons au bois, ils meurent brûlés. Quand un moustique atterrit sur nous, nous le tuons. Après un trajet sur une grande route, le pare-brise de la voiture est couvert d'insectes morts. Parfois en roulant, il nous arrive de heurter un daim ou un autre animal. Nous avons involontairement tué tant de créatures au cours de notre vie que les Écritures nous proposent cinq genres de *yagnas* pour annuler les effets négatifs de nos actions nuisibles inconscientes, et pour témoigner notre gratitude à Dieu, aux cinq éléments, aux autres humains, aux animaux et à nos ancêtres. Notre vie n'est possible que grâce à ces cinq sources.

Le premier sacrifice recommandé est le *Brahma yagna*, qui consiste à étudier (par l'analyse des textes sacrés) *Brahman*, ou Dieu, et à enseigner aux autres ce que nous avons appris. Le *yagna* de *Brahma* est proposé comme un témoignage de reconnaissance envers *Brahman* ou Dieu. Comme *Brahman* est la source de tout, nous lui devons notre existence même. Ce n'est pas par amour pour Dieu que nous accomplissons ce *yagna*. Nous souvenir que nous dépendons de Lui nous aide à cultiver l'humilité. Propager les valeurs éthiques et spirituelles indiquées dans les Écritures permet de maintenir l'harmonie dans la société. En réalité, Dieu ne souhaite pas notre adoration. Il n'en a pas besoin. Il est complet et parfait. Amma dit que le soleil n'a pas besoin de la lumière d'une bougie. Il éclaire le monde entier. Comment une bougie pourrait-elle être utile au soleil ? Pareillement, Dieu n'a pas besoin de nos rituels. C'est seulement pour nous que nous les accomplissons.

Dans le passé, seuls les *brahmanes* (caste des prêtres) étaient autorisés à pratiquer ce *yagna* car ils étaient les seuls censés étudier les textes sacrés, mais d'innombrables enfants d'Amma accomplissent ce sacrifice chaque jour. Lorsque nous rencontrons nos amis, nous parlons généralement d'Amma. Comme Amma ne fait qu'un avec Dieu, quand nous parlons d'elle, nous parlons en fait de Dieu.

Le second *yagna* est le *pitr yagna*, que nous offrons à nos ancêtres disparus. En Inde, la façon la plus commune de l'exécuter est d'offrir une boulette de riz (ou de n'importe quel autre aliment de base) aux corbeaux en faisant le vœu que nos ancêtres disparus bénéficient de nos prières et de notre offrande. On peut trouver stupide le fait d'offrir de la nourriture à une personne décédée qui ne peut pas la manger. Selon les Védas, les esprits des personnes décédées vivent dans un monde intermédiaire appelé *pitr loka* (monde des défunts) jusqu'à ce qu'ils prennent un nouveau corps. Tant qu'ils se trouvent dans ce monde intermédiaire, ils ressentent la faim et la soif mais ne peuvent pas consommer quoi que ce soit par eux-mêmes. Les vibrations subtiles des aliments que nous leur offrons nourrissent leur corps subtil. Nos prières amplifient leurs progrès spirituels et les aident à atteindre une naissance supérieure.

Le *yagna pitr*, ainsi que tous les rituels décrits dans les Védas, s'exécute en général seulement une fois par an. Certaines familles très orthodoxes l'organisent tous les mois. Quand Amma dirige la *pouja* de *Dévi* ou la *pouja* de *l'Atma*, elle nous demande de prier pour la paix de nos ancêtres défunts. Ainsi, de cette façon, nous accomplissons également ce *yagna*.

Le troisième *yagna* est le *déva yagna*. Dans la tradition du *Sanatana Dharma*, des déités associées à chaque élément et à chaque aspect de la création (la terre, l'air, la parole, l'action, la pensée, l'intelligence, etc. ...) sont considérées comme les différents aspects du Dieu unique, exactement comme divers appareils fonctionnent branchés sur une même prise d'électricité.

Dieu est un, mais, pour satisfaire nos besoins au jour le jour, Il se rend accessible à notre compréhension mentale sous des formes et des noms variés. Chacun de Ses noms, chacune de Ses formes correspond à un usage spécifique et une expression particulière. Les *dévas* honorés dans le *déva yagna* sont les déités qui gouvernent les forces de la nature. La nature nous donne gracieusement l'air, l'eau, la lumière et la terre. Il se peut que nous devions payer à l'État notre consommation en eau et électricité, mais la nature, elle, ne nous présente aucune facture. Nous avons donc une dette envers ces forces de la nature, et sommes supposés exprimer notre gratitude aux déités qui les gouvernent par le biais du *déva yagna*.

Au début de la *pouja* de *Dévi*, Amma accomplit le *déva yagna* pour nous. Elle y incorpore les cinq éléments : elle prend un pot contenant de l'eau pure, la bénit avec de la cendre sacrée (représentant la terre), fait tourner du camphre enflammé (représentant le feu), tout en faisant sonner une cloche (le son représente l'espace). Ensuite elle fait passer son expiration (représentant l'air) dans l'eau et lui transmet sa *prana shakti* (force vitale).

Le quatrième *yagna* est appelé *bhouta yagna*. Il s'agit du service que nous rendons aux autres êtres vivants. En Inde, on prend généralement grand soin des vaches car elles sont considérées comme sacrées. Le *toulasi* (basilic) reçoit la même considération et les chefs de famille qui suivent le chemin de la dévotion l'honorent quotidiennement. En Occident, dans bien des maisons, on trouve un ou deux chats ou un chien. Bien sûr, il est impossible d'aider tous les animaux. Il suffit d'aider comme nous le pouvons tout animal et toute plante avec qui nous entrons en contact. Les Écritures déclarent que même si nous n'avons pas d'animaux à la maison, nous pouvons nourrir les oiseaux, les cervidés, les bovidés ou les écureuils sauvages, et arroser une plante ou prendre soin d'un arbre. D'innombrables animaux jouent un rôle indispensable pour notre survie. En adopter un ou deux quand ils sont abandonnés ou recueillir un ou deux oiseaux, lorsqu'ils sont blessés, ou travailler pour la protection des espèces en voie de disparition sont différentes manières de montrer notre gratitude et de régler notre dette vis-à-vis des autres êtres vivants. À l'initiative d'Amma, le mouvement international Green Friends offre à ses enfants la possibilité d'accomplir le *bhouta yagna*.

Le dernier est le *nara yagna*, le service rendu à nos semblables, les êtres humains. Chaque fois que nous voyons des gens en difficulté, nous devrions les servir sans rien attendre en retour. Si nous rencontrons une personne âgée qui a du mal à traverser la rue, nous devons l'aider. L'esprit de *yagna* est le sacrifice, ou l'absence d'intérêt égoïste. Chaque action accomplie sans rien attendre en retour est un *yagna*. Si j'aide quelqu'un et que je n'attends aucune récompense pour mon service, celui-ci devient un sacrifice authentique, un *yagna*.

Beaucoup d'enfants d'Amma soutiennent ses activités humanitaires, d'une façon ou d'une autre. Quand nous donnons de l'argent ou offrons une assistance quelconque aux œuvres caritatives d'Amma, comme par exemple en travaillant gratuitement en Inde à construire des maisons pour les sans-abri (projet *Amrita Kouteeram*), ou en nourrissant les pauvres (aux États-Unis, projet appelé « Mother's Kitchen », c'est-à-dire « La cuisine d'Amma ») ou en participant à l'un des nombreux projets qu'Amma a lancés pour soulager la souffrance des pauvres et des nécessiteux, nous accomplissons *nara yagna*.

Le but de toutes ces activités n'est pas seulement d'observer les injonctions des Écritures. Tous ces *yagnas* nous apportent des bienfaits. Lorsque nous nous acquittons de ces devoirs avec sincérité, nous grandissons spirituellement parlant. Si nous découvrons que nous réalisons ces actions par obligation, comme on part travailler « parce qu'il le faut bien ! », nous n'en retirons pas le bienfait maximum. Amma propose un bon exemple pour illustrer ce point. Souvent, si une personne donne quelque chose à un temple ou à une organisation caritative ou spirituelle, elle veut que les autres sachent qui a fait ce don. Amma explique en riant que si le sponsor offre ne serait-ce qu'un tube néon, il y fera inscrire « donné par Untel », et la moitié de la lumière sera obstruée par l'inscription. Ce genre de don est motivé par l'envie d'aider, sans doute, mais aussi par l'espoir de se faire une bonne réputation. Dans ce cas, le donateur offre quelque chose au temple en pensant qu'il s'agit d'une preuve d'adoration, mais il ne comprend pas le véritable esprit d'adoration. Quand nous offrons de l'argent à une cause caritative ou humanitaire, nous devrions penser que cet argent nous a été donné par Dieu, et que nous ne faisons que le Lui rendre.

Quels que soient les instructions ou conseils donnés par le gourou, ils sont en parfait accord avec les Écritures. Amma a proposé des instructions claires sur les cinq types d'actions et les cinq grands sacrifices, qui sont en affinité parfaite avec les injonctions des textes sacrés. Nous ne devons pas nous faire de souci si nous n'arrivons pas à nous souvenir des cinq types d'actions, ni mémoriser les cinq grands sacrifices. Les Écritures affirment que le fait de suivre sincèrement les instructions d'un maître spirituel comble tous les manquements aux règles des textes sacrés.

Naturellement, la connaissance des textes en elle-même n'est pas suffisante. Selon Amma, la vision des Écritures et la force des pratiques spirituelles sont toutes deux nécessaires pour éliminer notre négativité et nous accrocher fermement à Dieu.

# Chapitre 23

# *Spiritualité en action*

Le souvenir de Dieu ne doit pas être restreint à certains moments de la journée ou à quelques jours par an. La sadhana (les pratiques spirituelles) ne consiste pas simplement à méditer et à réciter des mantras. Comme le dit Amma, chacune de nos actions doit devenir une sadhana. Sinon, nos pratiques spirituelles se borneront à méditer le matin et prier le soir. Dans le cas d'Amma, même les jeux auxquels elle se livrait avec ses amis quand elle était très jeune étaient une sadhana. Lorsqu'elle avait cinq ou six ans, Amma et ses camarades s'amusaient souvent dans la lagune à rester sous l'eau chacun leur tour, pour voir qui était capable de retenir le plus longtemps sa respiration. Amma s'enfonçait sous l'eau en prenant la ferme résolution de ne remonter à la surface qu'après avoir répété un certain nombre de fois son mantra, peut-être cent ou cent cinquante fois. Parfois, elle restait sous l'eau plus de deux minutes. Les autres enfants, pensant qu'Amma s'était noyée, prenaient peur. Il semblait à tous les participants qu'Amma essayait simplement de gagner. Mais en réalité, tout en jouant, elle accomplissait ses pratiques spirituelles.

Ils jouaient souvent à cache-cache. Quelquefois, elle grimpait au sommet d'un arbre pour que les autres ne puissent pas la voir. Puis, elle imaginait qu'elle était le Seigneur *Krishna* et que tous ses amis étaient les camarades d'enfance de *Krishna*, les *gopis* (les laitières) et *gopas* (les pâtres). Pendant ce jeu aussi, elle arrivait à garder le souvenir de Dieu.

Dans le village où Amma a grandi, personne n'avait l'eau courante. Tout le monde dépendait des quelques robinets d'eau publics. Et, à l'époque, il n'y avait pas une seule pompe à eau. Il fallait compter sur un moulin à vent attaché au puits. Quand le vent soufflait, la roue tournait et on pouvait tirer de l'eau au robinet du puits. Mais s'il n'y avait pas de vent, il n'y avait plus qu'à attendre. Quand cela arrivait, les villageois qui faisaient la queue au puits devenaient très agités et impatients, faisaient les cent pas et juraient tout haut. Seule Amma, qui se trouvait là pour transporter l'eau de toute la maisonnée, restait calme. Elle utilisait ce temps pour se remémorer Dieu. Les yeux clos, elle répétait silencieusement son mantra. Grâce à son attitude intérieure, tout ce qu'elle entreprenait était transformé en pratique spirituelle.

Bien sûr, Amma n'avait pas vraiment besoin de faire une *sadhana*, puisqu'elle est née réalisée. C'était seulement pour servir d'exemple aux autres qu'elle agissait ainsi. Si nous nous exerçons de cette manière, au lieu de faire une ou deux heures de *sadhana* par jour, la plupart de nos activités peuvent se transformer en pratiques spirituelles.

Il y a un dévot qui vient fréquemment à l'ashram, et chaque fois qu'il est là, il aide à nettoyer le terrain de l'ashram qui, après qu'Amma a donné le *darshan* à une foule importante, est souvent jonché de papiers de bonbons offerts en *prasad*. Ce dévot passe des heures à ramasser à la main chaque papier. En l'observant, quelqu'un lui a proposé un balai :

« Ce sera fini beaucoup plus rapidement. » Le dévot a souri et poliment décliné l'offre : « Quand je vois ces papiers de bonbons par terre, je ne les considère pas comme des déchets, mais comme des *prasads* d'Amma. Elle les a tous tenus dans la main. Lorsque je pense à cela, je ne peux pas les balayer. Cela ne m'ennuie pas de passer des heures à les ramasser à la main. Quand je le fais, je me souviens qu'Amma les a tous touchés et bénis. »

Amma dit que, quoi que nous fassions, quoi que nous pensions, quoi que nous disions, si notre attitude est juste, cela devient de la spiritualité.

Comparée à la durée de vie de l'univers, la nôtre est très courte. Ne croyons pas que nous avons soixante ou quatre-vingts ans devant nous pour accomplir une *sadhana* et atteindre notre but. En réalité, nous ne disposons pas d'une telle durée. Comme nous passons presque un tiers de notre vie à dormir, sur quatre-vingts années, nous en dormons presque vingt-sept. Par ailleurs, plus de vingt-cinq sont réservées aux jeux et occupations diverses pendant l'adolescence. Ensuite, comme la grande majorité des gens travaillent huit heures par jour pendant quarante ans, cela fait encore treize autres années durant lesquelles les pratiques spirituelles ne peuvent pas être effectuées en priorité. Puis, à la fin de notre vie, nous nous affaiblissons et devenons incapables de pratiquer une *sadhana* pendant des heures, et voilà encore dix ans de gaspillés. Cela signifie, que même si nous vivons quatre-vingts ans, nous ne disposons que de cinq ans pour nos pratiques spirituelles, et même durant cette période, une multitude de problèmes et de distractions peuvent se présenter. C'est pourquoi il est si important d'apprendre à convertir toutes nos occupations en *sadhana*. Que nous prenions soin de notre famille ou que nous travaillions, essayons d'accomplir toutes ces actions comme une *sadhana*. Même les difficultés peuvent en faire partie, si en les traversant, nous sommes capables de nous souvenir de Dieu. Amma affirme que toutes les épreuves qu'elle a rencontrées dans sa vie ont été ses gourous.

La façon la plus facile de convertir nos actions en *sadhana* est de les accomplir dans un esprit d'adoration. C'est-à-dire de nous efforcer d'agir avec le meilleur de nous-mêmes et d'abandonner les fruits de notre activité aux pieds du Seigneur. Nous savons alors clairement que nous avons fait de notre mieux et qu'il revient à Dieu de déterminer le résultat.

Selon les Écritures, si nous abandonnons tout ce que nous faisons aux pieds du Seigneur, nous ne serons pas liés karmiquement par le résultat de nos actions. Autrement, nous aurons à faire l'expérience de leur résultat. Par exemple, si nous blessons quelqu'un ou volons quelque chose, naturellement, nous allons nous retrouver en prison. Si nous échappons à la condamnation au cours de cette vie-ci, elle se produira forcément dans une incarnation future. C'est la raison pour laquelle nous voyons tant de gens souffrir en ce monde. Ils n'ont peut-être rien fait de mal dans leur vie présente, et ils subissent pourtant de nombreuses épreuves. Ceci est dû aux actions commises dans des vies précédentes. Ils font simplement l'expérience du résultat de leurs propres actions.

Notre vie actuelle est une continuation de nos vies passées. Les résultats d'actions passées dont nous n'avons pas encore fait l'expérience, se présenteront un jour, tôt ou tard. Par exemple, certains naissent dans des circonstances très difficiles. Ce genre de situation douloureuse est le résultat d'action nuisibles dans une vie précédente. Sinon, il nous faudrait penser que Dieu est cruel.

Bien entendu, cela ne signifie pas que les gens qui rencontrent beaucoup de difficultés doivent se sentir coupables d'avoir fait quelque chose de préjudiciable dans une vie passée. Nous avons tous vécu d'innombrables fois sur cette Terre, nous avons tous commis des mauvaises actions en conséquence desquelles nous souffrons. Et tant que nous n'aurons pas réalisé le Soi, nous ne serons pas infaillibles.

En vérité, Dieu est impartial. Chacune de nos actions nous revient sous forme de réaction. C'est la loi du *karma*. Lorsque nous accomplissons une action avec l'attitude « C'est moi qui fais », le résultat, bon ou mauvais, doit nous revenir. Il ne va pas à notre voisin. Chacun de nous a une dette karmique à régler. Bien sûr, les *mahatmas* comme Amma peuvent alléger notre souffrance soit en supprimant ou en réduisant le problème, soit en nous donnant la force de le supporter. L'important est de faire de notre mieux pour ne plus créer de *prarabdha* négatif. C'est pourquoi Amma nous rappelle constamment d'être très vigilants dans chacune de nos pensées, de nos paroles et de nos actions. Ce sont nos pensées, nos paroles et nos actions présentes qui déterminent nos expériences futures. Si nous souffrons beaucoup dans cette vie, pensons que nous sommes en train d'épuiser une grande partie du *prarabdha* qui nous reste.

La vie de tout être vivant est une lutte constante pour réduire la souffrance et accroître le bonheur. Dans notre effort pour gagner notre bonheur personnel, il nous arrive de faire souffrir les autres, intentionnellement ou non. Chaque être humain est entouré d'une aura, d'une couche subtile sur laquelle sont enregistrées toutes nos pensées, paroles et actions. Nous apportons cette aura à la naissance, et elle nous accompagnera après la mort. Le chagrin que nous causons intentionnellement à autrui s'inscrit dans l'aura, et quand le moment est venu, nous sommes plongés dans la détresse. Par contre, le fait d'apporter aux autres la joie et la paix nous attire invariablement bonheur et bénédictions. Il s'agit de la loi du *karma*, qui fait osciller notre vie comme un pendule entre la souffrance et le plaisir.

L'aspirant spirituel qui veut se libérer du cycle des naissances et des morts apprend à effectuer chaque action comme une offrande au Seigneur. Pour le chercheur spirituel, même une bonne action devient une entrave s'il reste attaché à son résultat. C'est comme s'il était ligoté avec des chaînes en or. Les chaînes, qu'elles soient en or ou en acier, nous gardent prisonniers. Même si nous n'avons accompli que de bonnes actions, tant que nous sommes attachés à leur fruit, nous aurons à renaître, rien que pour faire l'expérience des effets agréables qu'elles ont produits. Bonnes ou mauvaises, les actions nous entravent tant que nous les effectuons avec une notion d'ego : « C'est moi qui fais ». Pour nous débarrasser de cette entrave, nous devons accomplir chaque action dans un esprit d'adoration et d'abandon.

Naturellement, nous ne voulons dédier au Seigneur que nos bonnes actions. Nous ne pouvons pas commettre un meurtre ou quelque autre délit et penser qu'en l'offrant à Dieu nous échapperons aux conséquences de notre comportement. Si nous faisons quelque chose de mal, nous en récoltons forcément, tôt ou tard, le contre-coup.

Offrir quelque chose à Dieu sans rien attendre en retour constitue l'adoration authentique. Espérer quelque chose en échange, ce n'est pas de l'adoration, mais du marchandage ou un contrat d'affaires. Quand nos actions sont accomplies par amour de Dieu, nous recevons leur résultat comme un cadeau divin. Quel qu'il soit, nous n'en sommes pas bouleversés. Nous le considérons comme donné par Dieu. En général, quand notre action ne produit pas le résultat escompté, nous sommes fâchés ou déprimés. Mais nous ne sommes pas affectés si nous parvenons à nous abandonner et à accepter. L'attitude juste est : « Seigneur, Tu m'as donné le pouvoir et l'énergie d'effectuer cette action. Maintenant que je l'ai terminée, je l'offre à Tes pieds. Je ne demande rien. Quelle que soit Ta volonté, aide-moi à l'accepter. » En pensant de cette façon, nous devenons capables d'accueillir les hauts et les bas de la vie avec équanimité.

Dans la *Bhagavad Gita*, le Seigneur *Krishna* déclare :

**karmaṇy evādhikāras te mā phaleṣu kadācana**

*Tu as la maîtrise de tes actions seulement, mais pas celle de leurs fruits (pas celle de leurs résultats). (2.47)*

Ceci ne veut pas dire que le Seigneur souhaite que nous travaillions sans espérer de rémunération. En fait, *Krishna* explique ici une des lois fondamentales de la nature, aussi impersonnelle que la loi de la pesanteur de Newton. Il affirme simplement que nous ne contrôlons pas tous les facteurs qui influencent l'aboutissement de nos actions. Les résultats ne sont pas toujours tels que nous les avions imaginés. Car c'est l'Intelligence universelle, autrement dit Dieu, qui les détermine.

Amma donne un merveilleux exemple pour illustrer cela : Nous avons une poignée de graines dans la main et nous prions Dieu avec ferveur pour qu'Il les fasse germer. Mais, même si Dieu est omnipotent, et nos prières, sincères, les graines ne germeront pas tant que nous les gardons au creux de notre main. Nous devons les semer dans une bonne terre fertile. Elles ne peuvent germer qu'à cette condition. Mais avons-nous la moindre garantie que ces graines deviennent des plantes ou qu'elles aient toutes le même rendement ? Les résultats sont imprévisibles car ils dépendent de nombreux facteurs qui échappent à notre contrôle. Nous pouvons planter les graines, c'est tout. Quand le Seigneur dit que nous devrions nous concentrer sur l'action et laisser à Dieu son résultat, Il nous donne un conseil pratique.

S'abandonner à la volonté divine n'est ni du pessimisme ni du fatalisme, mais une façon de vivre positive. En cultivant une attitude d'abandon et d'acceptation, nous conservons notre énergie. Actuellement, quand quelque chose va mal, nous avons tendance à broyer du noir et gaspillons ainsi beaucoup d'énergie et de temps. Si nous acceptons tout ce qui survient avec une attitude positive, en pensant qu'il s'agit de la volonté d'Amma ou de celle de Dieu, nous pouvons utiliser notre temps et notre énergie de façon créative.

En tant qu'enfants d'Amma, il nous est facile de cultiver une attitude d'abandon et d'acceptation. Si nous avons un doute ou un souci quelconque, nous pouvons toujours obtenir l'aide et les conseils d'Amma. Sans maître vivant, il est plus difficile de maintenir ce genre d'attitude parce qu'il n'est pas possible d'être guidé directement par Dieu. Bien entendu, Dieu est continuellement là pour nous, mais nous ne sommes pas toujours assez réceptifs pour L'écouter quand Il nous parle. Dans ces circonstances, un maître vivant descendu jusqu'à nous est une immense bénédiction.

Il existe plusieurs raisons pour lesquelles les textes sacrés conseillent de ne pas s'inquiéter des résultats de nos actions. L'une d'elles est que nous pourrions perdre notre inspiration et notre enthousiasme. Si nous nous concentrons trop sur le résultat, nous devenons nerveux et perdons même la force de persévérer dans notre effort.

Après mon diplôme de fins d'études à l'université, j'ai postulé pour un emploi dans une compagnie pharmaceutique et j'ai été convoqué à un entretien d'embauche. La personne qui m'a interrogé a posé des questions auxquelles il m'était très facile de répondre. Je me suis demandé pourquoi toutes ses questions étaient si simples. Je m'attendais à des questions plus provocatrices parce qu'il s'agissait d'un emploi très intéressant. Comme toutes les interrogations étaient directes, j'ai pensé qu'il avait peut-être déjà décidé d'embaucher l'un des autres candidats et que mon entretien n'était qu'une formalité polie. L'idée qu'après tout, il se pourrait que je n'obtienne pas le poste, a créé en moi une certaine agitation.

Soudain, mon interlocuteur m'a posé une question imprévue : « De quel côté se trouve le cœur chez la grenouille ? À droite ou à gauche ? » Une question bien simple ! J'avais disséqué plusieurs fois des grenouilles pendant les cours de biologie, j'avais dessiné leur système vasculaire, et je savais très bien de quel côté se trouvait leur cœur. Mais à ce moment-là, j'étais déconcentré, et inquiet à l'idée que quelqu'un d'autre devait avoir obtenu le poste. J'étais en train de réfléchir à mon prochain plan au cas où je ne serais pas embauché. À cette question, j'ai donné une réponse incorrecte : « Le cœur est à gauche. » Inutile de dire que je n'ai pas été retenu pour cet emploi.

Pourquoi ai-je été incapable de répondre à une question aussi simple ? C'est parce que je me souciais trop du résultat de l'entretien. Il nous arrive fréquemment d'effectuer une tâche de façon médiocre parce que nous sommes plus concentrés sur le résultat que sur la tâche en soi. C'est pourquoi Amma nous répète de nous concentrer sur l'action présente plutôt que de songer à son dénouement. Si nous sommes plus vigilants et attentifs en agissant, le futur prendra soin du reste.

Quand nous nous trouvons dans des circonstances échappant à notre contrôle, considérons la situation comme venant de Dieu et assumons sincèrement nos responsabilités. De cette façon, nous glorifions le Divin.

Par exemple, nous prenons soin de nos enfants correctement. C'est notre devoir. Si les enfants ne répondent pas à notre amour, il ne faut pas leur en vouloir. Cherchons simplement à accomplir notre devoir, sans nous soucier du résultat. Voilà l'authentique esprit d'adoration.

Imaginons que je veuille vivre avec Amma dans son ashram en Inde mais que je ne puisse pas y aller car j'ai trop de responsabilités familiales. Il existe beaucoup de gens dans ce cas. Amma les console : « Quels que soient les devoirs que vous avez envers votre famille, accomplissez-les comme un acte d'adoration, en pensant que cette famille vous a été donnée par Amma et qu'elle vous a confié la responsabilité d'en prendre soin. Cela a la même valeur que de rendre grâce à la Mère divine. »

Il y a de nombreuses années, alors que je travaillais dans la banque, je voulais quitter mon emploi et rester à l'ashram à plein temps, mais je ne pouvais pas à cause de certains engagements familiaux. Je pensais que je perdais mon temps à travailler dans une banque, mais Amma m'a dit : « Tu dois changer d'attitude et essayer d'aimer ton travail. Quand les clients se présenteront à toi, imagine que c'est moi qui te les envoie. En les aidant sincèrement, tu rendras gloire à la Mère universelle qui est en eux et tu ne perdras plus ton temps. »

Chaque fois que vous vous trouvez dans un contexte désagréable, auquel vous ne pouvez pas échapper, ne vous laissez pas bouleverser par les événements. Songez que cela vous est donné pour le moment par Amma, et faites face à la situation avec sincérité et dévouement. Souvenez-vous qu'en nous exposant à différentes conditions et circonstances, Amma nous façonne et nous transforme en un instrument parfait pour recevoir sa grâce.

Agir dans un esprit d'adoration et d'abandon finira par éliminer l'ego et nous aidera à réaliser notre nature divine, notre union avec la vérité ultime.

# Chapitre 24

## *Reconnaître un mahatma*

Il était une fois une dompteuse de lions célèbre dans le monde entier. En compagnie des félins les plus féroces, elle réussissait à monter des numéros que les dompteurs des autres cirques n'avaient jamais tentés. Partout où elle se présentait, le public pétrifié d'une crainte respectueuse ne manquait pas d'affluer à son spectacle et s'émerveillait de ses exploits audacieux.

Elle commençait par mettre en évidence la férocité du lion, et l'incitait par des signes à rugir et à faire comme s'il était prêt à se jeter sur elle. Ensuite, elle effectuait une série de tours pour montrer que le fauve ne lui faisait absolument pas peur. Le summum du spectacle arrivait quand elle se mettait un morceau de sucre candi dans la bouche et autorisait l'animal à le saisir d'un coup de langue. Chaque fois qu'elle accomplissait ce tour de force, les spectateurs devenaient hystériques.

Lors d'une représentation, Moullah Nasruddin[7] se trouvait dans le public. La dompteuse a commencé son numéro et la foule s'est excitée de plus en plus, applaudissant chaque fois qu'elle mettait les lions à l'épreuve. Finalement, elle est arrivée à l'apothéose du spectacle. Face au plus féroce et au plus gros des lions, elle s'est agenouillée, a ouvert la bouche et s'est posé un morceau de sucre sur la langue. Le lion a tranquillement enlevé le sucre. La foule,

---

[7] Maître soufi du Moyen Orient, connu pour son enseignement loufoque, ses commentaires et ses actions apparemment absurdes. Il est si populaire que la Turquie (où il est enterré) l'Afganistan et l'Iran réclament, chacun, être le pays où il est né. (Note du traducteur)

sensible au courage de la dompteuse, lui a fait une ovation en hurlant. Cependant, la voix de Moullah Nasruddin se distinguant au milieu du vacarme, criait « Ce n'est rien ! N'importe qui aurait pu faire ça ! » En entendant son commentaire, la dompteuse est sortie de la cage, est venue le trouver et l'a défié : « Vous dites que n'importe qui peut le faire. Pouvez-vous le faire ? »

Le maître soufi a répliqué : « Si le lion a pu, n'importe qui peut le faire. » Moullah Nasruddin se comparait au lion plutôt qu'à la dompteuse et trouvait qu'il ne fallait pas tant de courage au lion pour faire ce qu'il avait fait.

Cette histoire montre que deux personnes peuvent regarder la même action et voir des choses très différentes. Tout dépend de leur point de vue. C'est pourquoi certains peuvent recevoir le *darshan* d'Amma et passer à côté de sa divinité, tandis que beaucoup d'autres se sentent inspirés et transformés.

Il y a bien longtemps, deux chercheurs spirituels sont arrivés à l'ashram pour rencontrer Amma. Ils avaient visité de nombreux ashrams et n'avaient guère été impressionnés par les gourous qu'ils avaient vus. Ayant entendu dire qu'Amma était un maître réalisé, ils ont décidé de venir juger par eux-mêmes.

À cette époque, Amma avait un peu de temps libre pendant la journée. Elle pouvait donc faire des choses pour lesquelles elle n'a plus de temps aujourd'hui. Tous les jours, elle passait des heures absorbée en *samadhi* et venait souvent dans la cuisine aider à préparer le repas des *brahmacharis* et des dévots. Elle passait aussi du temps à jouer avec les enfants du voisinage. Quand ces deux visiteurs sont arrivés, ils ont vu Amma courir ici et là, crier et rire, alors qu'elle participait à un jeu du village avec les enfants.

Je me tenais sur le côté en compagnie de quelques *brahmacharis* et savourais la *lila* d'Amma (son jeu divin). Les nouveaux-venus se sont approchés de moi et m'ont interrogé à mon propre sujet. Je leur ai expliqué que je travaillais dans une banque située aux environs, mais que j'habitais à l'ashram. Ils m'ont demandé où ils pourraient trouver le gourou de l'ashram. J'ai montré Amma du doigt : « Elle est là. »

« Vous voulez dire cette fille qui joue avec les enfants ? » Ils n'y croyaient pas. À ce moment-là, Amma avait une vingtaine d'années, et quand elle s'amusait avec les enfants, elle avait l'air encore plus jeune.

« Mais oui, leur ai-je certifié, c'est notre maître spirituel. » Je leur ai dit que s'ils attendaient quelques minutes, ils pourraient la rencontrer et recevoir son *darshan*.

Ils ont brièvement discuté entre-eux, et sont partis sans ajouter un mot.

Vingt ans plus tard, ils sont revenus à l'ashram. Ils ont demandé de mes nouvelles et ont trouvé ma chambre : « Vous vous souvenez de nous, Swamiji ? » J'ai dû avouer que non. Ils m'ont rappelé le court échange que nous avions eu et expliqué comment ils s'étaient trouvés là vingt ans plus tôt avec leurs préjugés sur la façon dont un gourou doit se comporter. Parce qu'Amma n'avait pas agi comme ils s'y attendaient de la part d'un maître spirituel, ils étaient tout bonnement partis, et l'avaient prise pour une fille tout à fait ordinaire. Les années passant, ils ont entendu parler d'Amma de plus en plus souvent et finalement, sont arrivés à être assez convaincus pour revenir à l'ashram.

Quand ils sont passés au *darshan*, ils ont tous les deux fondu en larmes en réalisant à quel point ils avaient été idiots. Pendant un long moment, l'un des deux a sangloté sans pouvoir se maîtriser. Prendre conscience de son erreur lui était insupportable.

Un vieux proverbe au sujet du Gange, le fleuve sacré, fait remarquer que si de nombreux pèlerins traversent toute l'Inde pour se baigner dans ses eaux bénies, ceux qui vivent sur ses rives préfèrent prendre une douche chez eux. Ainsi, ces deux hommes étaient tout proches d'Amma à une période où ils auraient pu bénéficier de beaucoup de moments intimes et d'attention personnelle de sa part. Malheureusement, ils n'ont pas su, à ce moment-là , reconnaître sa grandeur.

Une autre chose qu'Amma faisait souvent à l'époque où elle avait plus de temps libre, c'était d'aider à la construction et à l'entretien de l'ashram. Nous vivions alors dans des huttes au toit de palme. Nous devions remplacer ces toits tous les ans, car ils ne survivaient qu'une saison aux lourdes pluies de la mousson. Les quelques *brahmacharis* résidant à l'ashram n'avaient jamais vécu dans une hutte auparavant, et ne connaissaient pas grand chose à l'art de tresser les palmes pour fabriquer un toit. Amma travaillait toujours parmi nous et guidait nos efforts. Nous avions grandement besoin d'être dirigés pour être sûrs de construire les toits correctement.

Un jour que nous remplacions les toits, deux autres visiteurs sont arrivés. Ils venaient pour la première fois. Ils ont vu Amma travailler avec nous, criant ses instructions d'un bout du terrain à l'autre à ceux qui travaillaient plus loin. Ils l'ont observée pendant un moment. Finalement, ils ont quitté les lieux sans même l'approcher. Amma s'est tournée vers quelques-uns d'entre nous et a remarqué : « Ils étaient venus à la recherche d'un gourou. Ils s'attendaient à le voir très dignement assis sur son trône entouré d'intendants en train de l'éventer et de le servir. Au lieu de cela, ils ont vu le gourou, dans une robe maculée, travailler de ses mains et hurler ses instructions. Convaincus qu'Amma n'est qu'une jeune villageoise ordinaire, ils sont repartis. S'ils avaient réellement désiré un gourou, ils seraient restés et auraient attendu pour me rencontrer. Mais ils reviendront quand le moment sera venu. » Effectivement, quelques années plus tard, ils sont tous les deux revenus à l'ashram. Ils sont maintenant d'ardents dévots d'Amma.

Je me souviens d'une plaisanterie qui montre qu'en nous fiant aux apparences, nous n'arrivons pas toujours à une conclusion correcte. Un professeur qui faisait des recherches sur les cafards était enfin prêt à divulguer ses découvertes par une démonstration en direct. Il pose un cafard sur la table et lui demande de courir. Le cafard traverse le plateau de la table en courant et le savant l'attrape avant qu'il ne disparaisse au bord et le replace dans sa position originale. Il lui arrache une patte. Puis il lui ordonne de courir à nouveau en le laissant partir sur la table. Le cafard se met à courir. Le conférencier le récupère et lui arrache une autre patte. Le cafard est toujours capable de courir. Au fur et à mesure que l'homme de science lui arrache les pattes une par une, le cafard continue à courir, puis commence à boitiller et à la fin, à se traîner sur la table. Le chercheur arrache la dernière patte et commande au cafard de courir. Cette fois, l'insecte ne bouge pas. Comment aurait-il pu aller où que ce soit sans une seule patte ? En souriant, l'expert lève les yeux vers l'auditoire curieux pour lui annoncer fièrement sa découverte révolutionnaire : « Quand un cafard n'a plus de pattes, il devient sourd. » Le professeur avait étudié le comportement du cafard et tiré une conclusion complètement erronée. De la même façon, on peut observer les faits et gestes d'un *mahatma* et ne pas le reconnaître pour ce qu'il est.

Lorsque nous rencontrons un *mahatma*, essayons d'être ouverts et réceptifs sans juger ses actions extérieures. Tous ceux qui voient Amma ne la reconnaissent pas toujours en tant que *mahatma*, en tout cas pas immédiatement. Ceux qui parmi nous ont pu reconnaître au moins un petit peu de sa grandeur sont vraiment bénis.

# Chapitre 25

## *L'ouïe, la vue, le toucher, la pensée : les méthodes d'initiation d'un maître spirituel*

L'initiation à une pratique spirituelle spécifique ou à un mantra particulier par un maître authentique accélère de manière significative nos progrès sur le chemin spirituel. Parfois l'initiation produit des résultats immédiats, mais le plus souvent, elle en produit après un certain temps. Une des méthodes les plus répandues et néanmoins les plus importantes d'initiation est l'initiation à un mantra. Nous sommes nombreux à l'avoir reçue d'Amma. Toutefois, les Satgourous peuvent également nous initier par d'autres moyens, selon notre réceptivité. Si nous sommes ouverts à cela, un maître peut nous initier par un simple regard. Il s'agit de nayana diksha ou initiation par les yeux.

Un jeune homme s'est présenté à Amma pour la première fois. Elle était alors en *Dévi Bhava*. Il n'est pas entré dans le temple pour recevoir le *darshan*. Il a attendu à l'extérieur. Au bout de quelques minutes il s'est tout à coup mis à trembler. Traversé de secousses, il s'est mis à sauter comme s'il avait tenu un fil électrique branché. Tous les autres dévots se sont écartés de lui, pensant qu'il était possédé.

Il a ensuite conversé de manière décousue, comme s'il s'adressait à quelqu'un que lui seul pouvait voir. À la fin du *Dévi Bhava*, lorsqu'Amma est sortie du temple, il était encore en train de parler bizarrement. Amma lui a mis la main sur la bouche et lui a dit de cesser de parler de ce qu'il voyait.

Peu de temps après, il a retrouvé son état de conscience ordinaire. Il nous a confié que lorsqu'Amma l'avait regardé, il avait senti une puissance étrange émanant d'elle qui était entrée en lui. Puis il avait vu devant lui la forme de Kali. Il essayait d'expliquer ce qui s'était passé, mais personne ne le comprenait car ses paroles étaient encore tout embrouillées. Ce jeune, qui travaillait alors dans un bureau, n'a pas pu se rendre à son travail pendant une semaine. Il lui semblait vivre dans un autre monde et c'est alors qu'il a écrit une quantité de chants dévotionnels et philosophiques. Voilà un exemple du pouvoir de *nayana diksha*. (Plus tard, Amma l'a aussi initié à un mantra.)

Une autre méthode d'initiation, appelée *sparsa diksha*, se fait par le toucher. Au moment où Amma les touche, certains ressentent comme une secousse qui leur traverse le corps et font l'expérience d'une transformation intérieure. Il est possible qu'Amma bénisse par cette initiation-là, toutes les personnes qui viennent à elle, sans qu'elles en soient conscientes. Amma dit que pour le moment, elle est en train de semer les graines. Quand la saison viendra, les graines germeront et produiront leurs fruits.

Un autre type d'initiation, la *pada diksha*, très rare, a lieu lorsqu'on est touché par le pied du maître. J'ai été témoin d'une occasion où Amma l'a accordée, mais c'est tout à fait exceptionnel de sa part. Quand le dévot s'est approché pour le *darshan*, Amma a simplement fermé les yeux. Personne ne s'attendait à ce qu'elle a fait ensuite. Elle a placé son pied droit sur la poitrine de ce dévot. J'étais avec Amma depuis des années et ne l'avais jamais vue faire cela. D'un bond le dévot s'est immédiatement relevé et s'est mis à trembler comme si un puissant courant électrique le traversait. Un autre dévot s'est approché pour le soutenir, mais Amma lui a dit : « Ne le dérangez pas. Il est en extase. Laissez-le faire ce qu'il veut. » Il a tremblé pendant presque vingt minutes, puis il s'est allongé sur le sol. Amma a expliqué qu'elle avait eu l'impression très nette qu'elle devait toucher ce dévot avec son pied, et qu'il avait intensément prié Amma pendant très longtemps pour qu'elle le fasse.

Kabir, un saint renommé du Nord de l'Inde, désirait vivement devenir disciple de Ramanand, un maître célèbre de cette époque-là, mais Kabir était musulman et Ramanand, hindou.

Il y a avait alors une telle animosité entre les deux religions que les disciples de Ramanand n'auraient pas pu supporter l'idée qu'un musulman soit au sein de leur communauté, et la communauté musulmane n'aurait pas autorisé Kabir à recevoir l'initiation d'un gourou hindou. Pourtant, Kabir était si déterminé à être initié par Ramanand qu'il a fini par imaginer un plan pour arriver à ses fins.

Il savait que tous les jours avant le lever du soleil, Ramanand allait se baigner dans le Gange. Un matin, Kabir sortit avant l'arrivée de Ramanand et s'allongea sur une des nombreuses marches qui descendent vers le fleuve sacré. Comme il faisait encore sombre, Kabir savait que le gourou ne pourrait pas le voir par terre et qu'il marcherait accidentellement sur lui. En Inde, si par hasard on effleure quelqu'un du pied, nous touchons cette personne de la main et nous nous touchons ensuite le front en signe de respect. Ou alors, nous nous exclamons : « *Ram, Ram* », ou bien : « *Krishna, Krishna* », exactement comme les Français disent « Oh pardon ! »

Comme prévu, en descendant les marches Ramanand mit par inadvertance le pied sur Kabir. Au moment de poser le pied sur lui, comprenant qu'il marchait sur un être humain, il demanda immédiatement pardon en invoquant le Seigneur. Comme il s'exclamait : « *Ram, Ram* ! », il se tenait encore debout sur Kabir. Kabir considéra cette combinaison favorable comme une initiation accordée par Ramanand. Il se prosterna aux pieds du maître et s'éloigna.

L'astuce de Kabir a marché. Il avait une telle dévotion envers Ramanand et le mantra de *Ram* dont il avait reçu l'initiation qu'il a finalement atteint la réalisation du Soi. Ses poèmes, qui glorifient la puissance du mantra et la grâce du gourou, sont, encore aujourd'hui, profondément estimés dans toute l'Inde.

Il existe une autre initiation, la *diksha smarana*. *Smarana* signifie « penser » ou « se souvenir ». Pour donner la *diksha smarana*, il suffit au maître de penser au disciple. Même s'il se trouve physiquement loin du gourou, le disciple recevra l'initiation.

Il y a des années, un dévot d'Amma voyageait dans la chaîne himalayenne. Il souhaitait monter le plus haut possible dans les montagnes. Son trajet à pied a duré des jours et des jours. Il passa en chemin devant une hutte, et comme il commençait à faire sombre, il songea à demander l'hospitalité pour la nuit. Il frappa à la porte mais ne reçut aucune réponse. Il attendit un moment, mais personne ne vint. Comme il n'y avait pas d'autre habitation dans les environs, il attendit encore dix ou quinze minutes. Enfin, un jeune homme sortit de la hutte et lui demanda ce qu'il voulait. Il dit qu'il était en pèlerinage et qu'il avait besoin d'un endroit où passer la nuit. « Je suis seul. Vous êtes le bienvenu. » répondit le jeune homme. L'occupant de cette hutte avait le visage lumineux des aspirants spirituels. La suite des événements prouva qu'il en était bien un. Après avoir arrangé un lit pour le dévot, il s'assit pour méditer.

Le dévot était si fatigué qu'il s'endormit immédiatement, mais en s'éveillant quelques heures plus tard, il trouva son hôte encore en train de méditer. Plus tard dans la matinée, il interrogea le jeune *sadhak* sur ses pratiques spirituelles. Le méditant lui dit qu'il restait souvent assis à méditer dans une même posture cinq ou six heures d'affilée. Le dévot fut également surpris de trouver une petite photo d'Amma dans la hutte. Elle n'était pas connue dans ces régions en ce temps-là, et il se demandait comment cette photo avait bien pu atterrir dans cet endroit écarté. Sans révéler qu'il était lui-même dévot d'Amma, il demanda au jeune homme de qui était la photo. Celui-ci a expliqué : « Un moine a visité l'ashram d'Amma dans le Sud de l'Inde. Il a reçu son *darshan* et a été très impressionné, alors il a acheté une petite photo d'elle. Quand il est venu ici, il m'a parlé d'Amma et je me suis senti tellement attiré par elle qu'il m'a laissé sa photo. »

« Le soir-même, pendant la méditation, poursuivit le jeune *sadhak*, j'ai senti la présence d'Amma. Elle m'a murmuré un mantra à l'oreille et depuis, je le répète. Je considère Amma comme mon gourou. Après cette expérience, la qualité de ma méditation s'est vraiment améliorée. » Le dévot fut très impressionné par l'intensité des pratiques spirituelles de son hôte. De retour à *Amritapuri*, il parla à Amma de cette rencontre. Elle lui confia : « J'ai beaucoup de disciples qui se trouvent, comme lui, dans des coins reculés. Je ne peux pas me rendre jusque chez eux, et ils ne peuvent pas non plus venir à moi pour le moment, alors je les guide de cette façon. »

Un *brahmachari* était très malade à l'ashram pendant qu'Amma était partie en Europe. On pensait qu'il allait mourir. Lui aussi sentait que sa vie tirait à sa fin. Il pleurait et priait : « Amma, tu es si loin en Europe, mais avant que je meure, je dois te revoir en chair et en os. Je t'en prie, accorde-moi cette bénédiction. » La prière du malade nous fut transmise en Europe par le coup de téléphone de l'un des *bramacharis*. Amma répondit : « Il ne va pas mourir. Il va aller mieux, soyez-en certains. » Le *brahmachari* qui appelait d'Inde pleurait aussi, inquiet de la condition du malade. Il suppliait Amma : « S'il te plaît, donne-lui ton *darshan*. Même s'il meurt ensuite, il sera si heureux d'avoir reçu ton *darshan*. »

Deux jours plus tard, un dévot se rendait d'Europe en Inde. Amma lui demanda de prendre une guirlande de fleurs qu'elle avait portée et de l'offrir au malade. Après l'avoir reçue, le *brahmachari* commença à aller mieux, exactement comme Amma l'avait annoncé. La bénédiction d'Amma est parvenue au *brahmachari* par la guirlande de fleurs. C'était la seule façon dont Amma pouvait aller jusqu'à lui car ce *brahmachari* n'était pas assez évolué pour voir la forme subtile d'Amma.

Selon notre réceptivité et notre croissance spirituelle, le *Satgourou* utilise telle ou telle initiation. Si notre conscience n'est pas assez subtile pour recevoir l'initiation, le maître ne travaillera pas avec nous de cette manière-là. C'est pourquoi Amma recommande : « Utilisez le mantra que je vous ai donné. » Au début, le mental n'est pas subtil. Si nous nous asseyons pendant une demi-heure pour méditer, nous ne réussissons à nous concentrer que quelques minutes. Et même ces quelques minutes de concentration sont extrêmement difficiles à obtenir. Tant que notre mental manque de subtilité et de concentration, il est généralement plus facile de s'en tenir à chanter des hymnes dévotionnels ou de répéter notre mantra. Une fois que nous avons reçu un mantra d'un *Satgourou*, une relation personnelle s'établit entre lui et nous. Le mantra nous relie au maître. Ce lien durera jusqu'à ce que nous atteignions le but, que nous réalisions le Soi.

Amma affirme qu'elle a un lien avec beaucoup de ses dévots qui a commencé dans une vie précédente. La seule raison de ses réincarnations successives sur cette Terre est de nous aider à atteindre le but de la vie humaine. Elle n'a rien à gagner. Elle possède déjà tout ce que l'on peut obtenir. Nous avons beaucoup de chance d'avoir été initiés par un maître spirituel comme Amma.

Le mantra est comme un véhicule qui nous transporte vers le but bien plus rapidement que si nous devions parcourir toute la distance à pied. Avant de recevoir notre mantra, nos progrès spirituels ont dû être très lents et instables. Mais lors de la *diksha mantra*, une partie de la *prana shakti* (énergie subtile) du gourou est transférée au disciple, et cette énergie accélère notre progression spirituelle dans la mesure de nos efforts.

On peut s'interroger : « Répéter un mantra n'est-ce pas ajouter encore une autre pensée dans le mental... Comment atteindre un état libre de toute pensée en l'utilisant ? »

Amma explique : « Nous pouvons réduire le nombre de pensées par le *japa*. Si nous posons sur un mur la notice : « Défense d'afficher », nous empêchons qu'y soient collées d'autres affiches ou peints des graffitis. Ces deux mots nous débarrassent de centaines d'autres mots. De même, la répétition du nom de Dieu, pratiquée avec concentration, réduit le nombre des pensées. »

Même si nous n'arrivons pas à nous concentrer en psalmodiant notre mantra, nous devons continuer à le répéter. Amma dit que le son du mantra contient des vibrations spirituelles positives qui nous affectent favorablement quel que soit notre niveau de concentration.

Quand un maître comme Amma donne un mantra, il le fait avec toute la puissance de son *sankalpa* pour que ce mantra soit bénéfique à la personne initiée. Le *Satgourou* s'engage à nous mener jusqu'au but de l'existence humaine. Pour bénéficier au maximum de l'initiation, nous devons, de notre côté, nous engager intérieurement à obéir fidèlement aux instructions du maître.

# Chapitre 26

## *Trois façons dont Amma nous protège*

À cause de certaines actions que nous avons accomplies dans le passé, nous sommes tous amenés à souffrir dans cette vie. Dans sa compassion infinie, Amma nous protège en grande partie de notre destin. Selon le type de *prarabdha* qui déclenche l'épreuve, elle nous protège de trois façons différentes. Soit elle nous soustrait complètement à une expérience qui nous était destinée. Soit elle nous accorde une protection partielle, en réduisant la souffrance que nous devions endurer. Ou bien elle nous donne la force de la supporter.

J'ai personnellement fait l'expérience de ces trois sortes d'aide quand j'ai eu à faire face à diverses difficultés.

Le premier incident est arrivé alors qu'Amma, accompagnée des *brahmacharis*, donnait une série de programmes dans le nord du Kérala. Sur le trajet entre deux programmes, nous nous arrêtions souvent près d'une rivière au moment du crépuscule. Nous nous baignions tous et nagions dans la rivière. Puis Amma psalmodiait la *Gayatri* et nous répétions en chœur après elle tandis que nous étions debout dans l'eau jusqu'à la taille. Il nous arrivait aussi de psalmodier les mille noms de la Mère Divine. Puis nous méditions et chantions les *bhajans* sur la rive alors que le soleil se couchait. Finalement, Amma préparait du thé pour nous tous avant que nous reprenions la route. Un soir, alors que nous étions sortis de l'eau, j'ai découvert que j'avais perdu mon *mala* dans la rivière. J'étais assez bouleversé car ce *mala* m'avait été offert et béni par Amma. Je pensais aussi que cette perte pouvait être un signe que quelque chose de mauvais allait m'arriver. Je courus aussitôt rejoindre Amma pour lui raconter ce qui m'était arrivé. Elle enleva immédiatement son propre *mala* et me le donna. J'étais transporté de joie par cette bénédiction imprévue. Non seulement ce *mala* avait été porté par Amma relativement longtemps, mais en plus, celui que j'avais perdu n'avait que cinquante-quatre perles alors que le nouveau en comptait cent huit. J'ai complètement oublié l'ancien *mala*. J'ai même pensé que c'était une bonne chose de l'avoir perdu dans la rivière. Nous avons poursuivi notre voyage et terminé la tournée.

Quelques mois plus tard, je suis parti mener mes propres programmes au Tamil Nadou. Je voyageais en voiture avec deux autres dévots. J'étais assis sur le siège arrière derrière le chauffeur. Alors que nous étions en route pour le premier programme, un camion qui roulait en sens inverse fit une embardée et, en pleine vitesse, percuta latéralement notre voiture. Les deux portes de la voiture du côté du chauffeur furent complètement défoncées, les vitres fracassées et des morceaux de verre étaient éparpillés partout. Bien sûr, le chauffeur du camion n'avait rien, mais c'était un miracle que les quatre passagers de notre voiture en soient sortis indemnes, surtout vu l'état de la voiture après l'accident.

Je téléphonai à Amma aussi vite que je pus pour lui annoncer ce qui était arrivé. Puis, personne n'ayant été blessé, je repris ma tournée comme prévu. Je suis rentré à l'ashram un mois plus tard. Quelques jours après mon retour, j'eus l'occasion de voir Amma dans sa chambre. Alors que j'étais assis avec elle et lui expliquais les détails de l'accident, Amma regardait attentivement le *mala* qu'elle m'avait donné. Je me demandais ce qu'elle faisait quand soudain, elle me demanda de le lui rendre. Choqué par sa requête, je ne lui donnai pas le mala et restai sans répondre.

De nouveau, elle exigea que je le lui rende. Mais je ne voulais vraiment pas y renoncer, et la suppliai : « Amma, une fois que tu as offert quelque chose, ce n'est pas gentil de le reprendre. Tu as tant d'autres *malas*, que veux-tu faire de celui-là ? S'il te plaît, permets-moi de le garder. »

Amma a insisté pour que je le lui rende : « Le *mala* que je t'ai donné a rempli son but. Tu n'en as plus besoin. » J'ai compris alors qu'elle faisait référence à l'accident, et lui ai rendu le mala. Sur ce, elle m'en a donné un différent à porter.

Naturellement, elle n'avait pas besoin de me donner un *mala* ni quoi que ce soit pour m'empêcher d'être blessé. Son seul *sankalpa* aurait suffi. Elle a choisi de me protéger de cet accident, et m'a spontanément tendu son *mala* pour le faire.

Le second type d'aide que nous pouvons recevoir d'un *Satgourou* est une protection partielle ou une réduction de la souffrance que nous devons supporter. Il y a des années, je conduisais le petit bus de l'ashram. Alors que nous étions à Chennai au cours de la tournée du Tamil Nadou, je suis allé dans la chambre d'Amma lui donner quelque chose. Comme je tendais le bras vers elle, elle a remarqué une rougeur sur mon avant-bras. Après inspection des petits points rouges, elle me dit que j'avais la varicelle et qu'elle trouverait quelqu'un d'autre pour conduire pendant le reste de la tournée, car elle voulait que je rentre immédiatement à l'ashram. Elle ajouta : « Ne t'en fais pas, tu ne vas pas vraiment souffrir de cette maladie. »

Le lendemain, quand je suis allé lui dire au revoir, elle m'a montré son bras. Il s'y trouvait une rougeur très similaire à la mienne. « Regarde, a-t-elle dit, j'ai pris ta varicelle. Tu n'auras pas d'autres marques sur la peau. »

Je suis donc retourné à l'ashram tandis qu'Amma et les autres *brahmacharis* finissaient la tournée. À peu près au même moment, quelques personnes dans le voisinage de l'ashram ont attrapé la varicelle et se sont retrouvés le corps couvert de boutons. Mais après qu'Amma m'ait déclaré qu'elle avait pris ma maladie, je n'ai eu aucune cloque sur la peau.

De la même façon, Amma prend sur elle les maladies d'innombrables personnes. Quand elle donne le *darshan*, il se peut qu'en une seule journée, elle prenne les maladies d'une grande quantité de dévots.

Je lui ai demandé : « Amma, comment arrives-tu à prendre sur toi tant de maladies et de douleur ? Est-ce que tu ne te sens pas submergée ? » Amma a répondu que si quelqu'un est destiné à souffrir d'une maladie pendant dix ans et qu'elle prend sur elle cette maladie, elle peut épuiser le même *prarabdha* en moins de dix minutes.

Chaque action accomplie engendre une expérience pour son auteur. Normalement, si nous effectuons une action, nous en expérimentons nous-mêmes les effets. Toutefois, les *mahatmas* comme Amma sont capables de prendre les conséquences des actions négatives d'un grand nombre sur leur propre corps. Ils épuisent ainsi notre *prarabdha* et réduisent notre souffrance. En fait, Amma a même dit que quelle que soit la gravité ou la quantité de *prarabbdha* qu'elle prend sur elle, elle peut le brûler dans le feu de sa Connaissance[8] en un instant.

Il y a deux ans, j'ai dû me faire opérer du genou. Auparavant, Amma m'avait prévenu que c'était une période difficile pour moi et que je devais faire attention à ma santé. Comme Amma ne m'avait pas spécifié à quel genre de problème de santé je devais m'attendre, je ne me suis fait aucun souci à ce sujet. J'ai tout bonnement remis le problème, quel qu'il soit, à Amma. Peu de temps après, j'ai commencé à ressentir une douleur aiguë dans les

---

[8] Amma se réfère ici à *Brahmajnana*, ou la Connaissance de *Brahman* omniscient, omnipotent et omniprésent, le substrat de l'univers. Recevoir cette Connaissance signifie devenir un avec *Brahman*.

genoux. Quand j'en ai parlé à Amma, elle m'a demandé d'aller immédiatement à l'hôpital. Après m'avoir ausculté, les médecins ont parlé d'opération chirurgicale. Même s'il s'agissait d'une intervention bénigne, j'avais peur parce que je n'avais jamais eu ni blessure ni maladie grave auparavant.

Mais Amma m'a dit que je devais me faire opérer, alors j'ai commencé à y penser. Je me trouvais à ce moment-là aux États-Unis, et j'étais si bouleversé et effrayé par cette imminente opération que j'appelais Amma presque tous les jours, la priant de m'aider d'une façon ou d'une autre à éviter l'intervention chirurgicale. Chaque fois que je lui en parlais, Amma me rassurait : « Ne te fais pas de souci, mon fils, n'aie pas peur. Tout va bien se passer. » Finalement le jour prévu pour l'opération est arrivé et ma condition ne s'étant pas améliorée, je n'ai pas eu d'autre choix que de m'en remettre au chirurgien. Pendant l'intervention elle-même, je n'ai ressenti absolument aucune peur. Par la suite, Amma m'a dit que même si je n'avais pas été capable de la voir, elle était restée à mes côtés pendant toute l'opération. Amma ne m'a pas aidé comme je m'y attendais. Elle n'a pas écarté le problème. Mais elle m'a donné le courage de faire face à l'expérience avec équanimité.

Pour citer un exemple plus pertinent, un jour, un père et ses deux jeunes enfants se sont présentés au *darshan* en Australie. Il a confié à Amma que sa femme était en phase terminale d'un cancer, qu'elle vomissait du sang et s'évanouissait fréquemment. Le spectacle de leur mère dans cet état effrayait les deux enfants de cinq et six ans et les faisait pleurer. Mais après avoir rencontré Amma, leur attitude a changé. Leur père leur a expliqué comment Amma prenait soin des malades et des personnes âgées quand elle n'était encore qu'une petite fille. Inspirés par son exemple, les enfants ont finalement pu accepter la situation et même s'occuper de leur mère. Si elle s'effondrait par terre, ils la redressaient et l'adossaient au mur, lui apportaient un verre d'eau et appelaient une ambulance si nécessaire. Ils sont devenus très forts et courageux.

Parlant de sa femme, l'homme a précisé : « Elle voulait désespérément voir Amma, mais elle n'est plus assez forte pour marcher, elle n'a donc pas pu venir ce soir. » Quand Amma a entendu leur histoire, elle les a baignés dans son affection maternelle infinie. Elle leur a témoigné une attention profonde, les a interrogés sur chaque petit détail de leur vie, jouant avec les enfants, leur demandant ce qu'ils apprenaient à l'école et les serrant dans ses bras à maintes reprises. Cela s'est déroulé alors qu'elle donnait le *darshan* à plus de mille personnes. En fait, Amma voulait tellement inonder cette famille d'amour qu'elle ne les laissait pas partir. Elle se comportait comme si elle n'avait qu'eux au monde. À la fin, ils ont pris congé en expliquant que la mère les attendait à la maison.

En partant, le père a déclaré : « Maintenant je peux faire face à la souffrance. Amma nous a donné, à mes enfants et à moi-même, la force et l'amour nécessaire pour dépasser cette épreuve. Merci encore et encore. » D'abord par l'exemple de sa vie, puis par l'amour et l'affection qu'elle leur a personnellement manifestés, Amma a permis à cette famille d'affronter des circonstances extrêmement éprouvantes. Au lieu de sombrer dans le chagrin, ils sont devenus capables d'aider la mourante et d'être aux petits soins pour elle.

Amma définit trois sortes de *prarabdha*. La première est comme une forme bénigne de cancer. Elle peut être complètement éliminée par des actes réparateurs comme des pratiques spirituelles et de bonnes actions associées à la grâce de Dieu. La seconde sorte peut être partiellement écartée, mais nous avons encore à souffrir dans une certaine mesure. C'est comme un cancer qu'on peut traiter mais qui peut réapparaître après un certain temps. La troisième sorte est comme un cancer virulent qui ne peut être éradiqué. Il faut simplement l'accepter. Ces trois sortes de *prarabdha* correspondent aux trois façons dont Amma nous aide. Elle n'intervient pas dans les situations produites par la troisième sorte de *prarabdha* (comme une forme maligne et incurable de cancer), mais permet au *karma* de suivre son cours. Cela ne signifie pas qu'Amma nous abandonne. Lorsque nous n'avons pas d'autre choix que d'endurer une expérience douloureuse, Amma nous donne la force d'affronter la situation avec courage et sérénité.

# Chapitre 27

# *Amma est-elle un avatar ?*

D ans le Sanatana Dharma, quand une personne ordinaire vient au monde, on parle de janma (naissance). Généralement, il ne s'agit pas de la première naissance de cette personne, et on utilise le terme de pounarjanma (renaissance). Cependant, quand un être réalisé s'incarne par son propre sankalpa pour aider les autres, on le désigne par le mot avatar ou Incarnation. Les croyants de maintes religions n'acceptent qu'une seule Incarnation de Dieu. Le Sanatana Dharma reconnaît de nombreux avatars. Il déclare également sans équivoque que Dieu se manifeste à n'importe quel endroit, à n'importe quelle époque et sous n'importe quelle forme, selon la situation à une période donnée et la dévotion des croyants.

Le mot sanscrit *avatar* vient du verbe *ava-tarati* qui signifie descendre, assumer un corps ou un autre. Cela veut dire que Dieu, le Sans-forme, descend à notre niveau, prend une forme humaine dans le monde des noms et des formes afin de nous guider sur le chemin spirituel. Dieu fait cela pour rétablir le *dharma*, maintenir l'harmonie et protéger le monde.

Dans la *Bhagavad Gita*, le Seigneur *Krishna* déclare :

yadā yadā hi dharmasya glānir bhavati bhārata
abhyutthānam adharmasya tadātmānaṁ sṛjāmy
aham

*Ô Arjouna, chaque fois qu'il y a un déclin du dharma (l'équité) et une augmentation de l'adharma (l'iniquité), j'assume un corps physique. (4.7)*

**paritrāṇāya sādhūnāṁ vināsāya ca duṣkrtām dharma-saṁsthāpanārthāya sambhavāmi yuge yuge**

*Pour protéger ceux qui respectent le dharma, pour détruire ceux qui commettent l'iniquité et pour rétablir le dharma, je m'incarne d'âge en âge. (4.8)*

Quand tout va bien, la venue d'un *avatar* n'est pas nécessaire. C'est seulement quand règnent le chaos et la confusion que le Seigneur se manifeste. Pour citer un exemple plus familier, aucune force de police n'est déployée quand tout est paisible dans le voisinage et qu'il n'y a ni émeute ni conflit. Les policiers ne se déplacent que s'il y a un problème.

Parfois, le *dharma* est menacé et l'harmonie de la création en est bouleversée. En général, le danger ou la violation vient des êtres humains. Les plantes et les animaux ne dérangent pas la création car ils vivent selon leur instinct naturel. Seuls les êtres humains violent le rythme cosmique par leur arrogance, leur ego et leur désir de pouvoir.

Quand le *dharma* est menacé, le Seigneur se manifeste en tant qu'*avatar*. Pour tuer le démon *Ravana*, le Seigneur a pris la forme humaine de *Rama*. Une faveur divine avait été accordée à *Ravana* : aucun démon, dieu ni animal ne pourrait le tuer. *Ravana* n'avait pas demandé d'être protégé des humains car il pensait qu'aucun d'eux ne pourrait s'avérer être un danger pour lui. C'est pourquoi le Seigneur se manifesta sous forme humaine : c'était le seul moyen de tuer *Ravana* et de rétablir le *dharma* à cette époque.

Le démon *Hiranyakasipou* avait lui aussi reçu la faveur selon laquelle aucune arme, aucun être humain ou animal ne pourrait le tuer, pendant le jour, ni pendant la nuit, ni sur terre, ni dans les airs, ni à l'intérieur, ni à l'extérieur de son palais. Pour pouvoir tuer *Hiranyakasipou*, le Seigneur s'est incarné sous la forme mi-homme mi-lion de *Narasimha* et l'a attaqué au coucher du soleil (ni le jour, ni la nuit). Il a placé le démon sur ses genoux pour qu'il ne soit ni sur terre ni dans les airs, l'a transporté sur le seuil du palais afin qu'il ne se trouve ni à l'extérieur ni à l'intérieur et l'a tué avec ses griffes (qui techniquement ne sont pas des armes).

La naissance d'un être humain ordinaire est due à deux choses. La première est son *prarabdha* individuel. La seconde est le *prarabdha* collectif du monde qui consiste en larges rassemblements de *prarabdhas* individuels. Quand le monde est peuplé de bons et de justes, son *prarabdha* positif produit la paix et l'harmonie. Si beaucoup de gens méchants font souffrir les autres, le *prarabdha* mondial négatif engendre violence et discorde.

Quand le Seigneur, ou un maître réalisé dès sa naissance, vient en ce monde, cela n'est pas dû à son propre *prarabdha* mais à son *sankalpa* d'aider l'humanité. En fait, les maîtres réalisés n'ont pas de *prarabdha* personnel. Le *prarabdha* provient du sentiment d'être l'auteur de ses actions ou du sentiment « C'est moi qui fais ». Les êtres humains ordinaires s'identifient au corps, au mental et à l'intellect plutôt qu'à *l'Atman*. Le *Sanatana Dharma* appelle cette identification erronée *avidya* (l'ignorance). C'est parce que nous ignorons notre véritable Soi, que nous ressentons « Je fais ceci et je veux en obtenir tel résultat » lorsque nous agissons. Ou bien, si nous commettons une mauvaise action, nous nous sentons coupables ou désolés. Dans les deux cas, nous devrons faire l'expérience du résultat de nos actions.

En vérité, le Soi ou *l'Atman* ne fait rien du tout. Il est en dehors de toute action. C'est la raison pour laquelle les maîtres réalisés, unis avec la Conscience suprême, savent qu'ils ne font rien, mais que tout arrive simplement en leur présence. Ils n'ont pas le sentiment d'être l'auteur des actions et n'ont donc aucun *prarabdha* personnel.

Alors, pourquoi se manifestent-ils ? Dans le passé, quand un *avatar* s'incarnait, il tuait les démons et les méchants qui avaient torturé et assassiné les bons et les innocents. On considérait la venue d'un *avatar* comme le résultat du *prarabdha* positif des justes dans le monde et de celui, négatif, des démons et des méchants.

*Krishna* et *Rama* étaient des rois et leur *dharma* exigeait de protéger la nation de l'iniquité. Mais le *dharma* d'Amma est différent de celui d'un roi. Elle se considère comme la mère de tous les êtres. Contrairement à *Rama* et à *Krishna*, elle ne se bat contre personne. Au lieu de cela, par son amour et sa compassion, elle anéantit la méchanceté qui est en nous.

D'après les Écritures, certaines caractéristiques sont partagées par tous les *avatars*. Ces grandes âmes n'éprouvent aucune haine envers quiconque. Leur enseignement est universel. Ils ne rejettent pas même le plus grand des pécheurs. Sans être attachés à quiconque, ils aiment pareillement tous les êtres. Ils mènent une vie de droiture et inspirent les autres à suivre leur exemple.

On peut se demander : « Si Amma est un *avatar*, pourquoi n'accomplit-elle pas de miracles ? »

D'abord, souvenons-nous que la démonstration de pouvoirs surhumains n'est pas une preuve suffisante pour identifier un *avatar*. Certains d'entre eux, comme le Seigneur *Krishna*, ont manifesté des pouvoirs surnaturels. Par exemple, afin de protéger des pluies torrentielles et de la foudre, ses amis d'enfance, les *gopis* et les *gopas* (pâtres et laitières), il a soulevé la colline Govardhana et, de son seul petit doigt, il l'a tenue au-dessus de leur tête pendant sept jours. Même dans sa petite enfance, *Krishna* a tué un certain nombre de puissants démons.

*Ravana* et tous les autres démons décrits dans les épopées des *Pouranas* manifestent eux-aussi des pouvoirs mystiques ou miraculeux. Mais d'autres *avatars* comme le Seigneur *Rama*, ne montrent pas ce genre de pouvoirs surhumains. De fait, quand *Sita* est enlevée, *Rama* part à sa recherche et pleure comme un homme ordinaire. La manifestation de pouvoirs occultes ou mystiques ne peut pas constituer une preuve suffisante pour déterminer si quelqu'un est bien un *avatar*.

Mais surtout, ceux qui demandent pourquoi Amma n'accomplit pas de miracles ne voient pas l'évidence suivante : sa vie entière est un miracle. Et nous, nous considérons tout cela comme allant de soi ! Durant ces trente dernières années, Amma a donné individuellement l'initiation au mantra à des millions de gens, initié des centaines de *brahmacharinis* et de *brahmacharis* à la vie monastique, et serré physiquement dans ses bras plus de vingt-quatre millions de gens.

Elle prend souvent dans ses bras plus de vingt-mille personnes en une seule journée. Quand elle voyage en Inde, le nombre est beaucoup plus grand encore. Le dernier jour d'*Amritavarsham* 50, la célébration de son cinquantième anniversaire, elle est restée assise sur l'estrade pendant presque vingt-quatre heures et a pris dans ses bras plus de quarante-cinq milles personnes. Quand elle a finalement quitté la scène, elle n'était pas du tout fatiguée. Elle arborait un sourire rayonnant. Combien de personnes pouvons-nous prendre sur notre épaule avant de nous effondrer d'épuisement ?

Cela implique aussi qu'Amma reste assise continuellement au même endroit de quinze à vingt heures par jour. Combien d'heures sommes-nous capables de rester assis au même endroit ? Une heure ou deux ? Pendant tout ce temps, elle ne va même pas aux toilettes.

Quand les dévots reposent leur tête sur l'épaule d'Amma, ils ont la bouche si proche de son visage qu'elle inspire l'air qu'ils expirent, ce qui arrive des milliers de fois par jour. D'après de nombreux médecins, si une personne ordinaire faisait cela, elle contracterait de terribles infections. Amma serre tous les gens dans ses bras sans tenir compte de leur propreté ni de leur état de santé. Elle n'hésite même pas à embrasser des lépreux et ceux qui souffrent de maladies de peau contagieuses.

Ensuite, chaque personne qui se présente à Amma veut ouvrir son cœur et se décharger de ses malheurs. Même un psychologue expérimenté n'arrive à écouter les problèmes que de dix ou vingt clients par jour. Des milliers se confient quotidiennement à Amma qui manifeste à chacun le même amour et la même attention.

Beaucoup ont la fausse impression que lorsqu'elle finit le *darshan* et va dans sa chambre, Amma s'allonge et dort. En vérité, elle est tout aussi occupée dans sa chambre. Elle s'efforce de lire toutes les lettres qu'elle reçoit, des centaines tous les jours. Contrairement aux *mahatmas* qui l'ont précédée, Amma ne restreint pas ses activités à la spiritualité. Elle intervient aussi dans les domaines de l'éducation, de la santé, du social, des problèmes technologiques et de l'environnement. Elle dirige personnellement chacun des projets humanitaires et des instituts éducatifs que l'ashram a fondés. À la fin de la journée, elle s'allonge une heure ou deux. Qui d'autre peut travailler autant et dormir si peu ?

La majorité des gens travaillent huit heures par jour, cinq jours par semaine et disposent de deux à six semaines de vacances par an. Amma travaille au moins vingt heures par jour et ne prend jamais de vacances. Ces trente dernières années, elle n'a jamais pris un jour de repos.

À Rome, il y a une statue en bronze de Saint Pierre. Tous les jours, des pèlerins lui touchent le pied gauche, qui a presque complètement disparu. Si un léger contact peut user à ce point le bronze d'une statue, que devrait-il arriver à un être humain qui a reçu tout le poids de millions de gens ?

Nous ne nous sommes pas encore tournés vers ce qu'Amma a accompli au niveau social. N'est-ce pas un miracle que cette femme, sans éducation, ait pu établir un vaste réseau d'institutions médicales, sociales et éducatives, ces quinze dernières années, sans aucun support financier d'aucune organisation humanitaire, ni de l' État, ni d'aucun parti politique ou groupe religieux? Dans un monde où les femmes ont généralement une place insignifiante, Amma a prouvé par son exemple, que pour que la société progresse véritablement, les hommes et les femmes doivent être reconnus comme complémentaires et d'égale importance, comme les deux ailes de l'oiseau.

Il y a certes les histoires bien connues des miracles qu'Amma a accomplis : avec sa salive, elle a guéri le lépreux Dattan ; elle a transformé un petit pot d'eau ordinaire en *panchamritam* (mélange de miel, de lait, de yaourt, de beurre clarifié et de sucre candi) en quantité suffisante pour nourrir des centaines de personnes ; elle a utilisé de l'eau pour garder allumées des lampes à huile[9].

Depuis que je connais Amma, toutes les déclarations qu'elle a faites pour le futur se sont toujours produites, même si elles semblaient parfois très improbables sur le moment. Quand j'ai rencontré Amma, il y a vingt-sept ans, elle m'a confié qu'à l'avenir, des gens de tous les coins de la planète viendraient la voir et qu'elle parcourrait le monde pour guider, consoler et réconforter les gens. Pas un seul *brahmachari* ne vivait avec Amma à ce moment-là. Elle n'avait même pas un toit au-dessus de la tête. Elle dormait à la belle étoile sur le terrain situé en face de la maison familiale. Comment pouvait-elle savoir que dans le futur, un réseau si vaste d'activités humanitaires et spirituelles se formerait autour d'elle ?

---

[9] Pour en savoir plus sur ces événements, lire *Ammachi : une biographie de Mata Amritanandamayi* par Swami Amritaswarupananda Puri, ou *Courir sur la lame du rasoir* par Swami Ramakrishnananda Puri.

Si nous observons attentivement la vie d'Amma, nous ne demandons pas où sont ses miracles, car ils sont partout présents, dans chaque aspect de sa vie. Leur liste remplirait des volumes. Tous, parmi les millions qui l'ont rencontrée, pourraient partager leurs propres expériences miraculeuses, parler d'amélioration de caractère, de guérison de blessures intérieures, d'un regain de vie et, effectivement, de la guérison inespérée d'une maladie. Il s'agit là d'une encyclopédie qui ne sera jamais compilée sur papier, car elle est écrite dans le cœur des enfants d'Amma.

Amma elle-même a dit : « Cela ne m'intéresse pas de convertir en faisant des miracles. Mon but est de donner aux gens le désir de se libérer en réalisant le Soi éternel. Les miracles sont illusoires et ne constituent pas l'essence de la spiritualité. En plus, si un miracle a lieu une fois, vous voudrez en voir un autre, puis encore un autre. Je ne suis pas ici pour créer des désirs mais pour les éliminer. »

Les gens accomplissent parfois des exploits quasi surhumains comme de parcourir à vélo des distances extraordinaires ou bien de se tenir sur une jambe pendant des heures, mais c'est seulement pour avoir leur nom dans le livre des records. Amma atteint un nouveau record du monde tous les jours et pourtant elle ne se soucie jamais de ce que les autres vont dire d'elle. Elle ne fait pas ce qu'elle fait pour recevoir des louanges mais par amour pour le monde.

Un journaliste a demandé à Amma : « Qu'est-ce que cela vous fait d'être reconnue comme la Mère Divine par des millions de gens ? »

Amma a répondu : « Cela ne me fait rien du tout. Les gens qui m'appellent *Dévi* aujourd'hui peuvent m'appeler Diablesse demain. Cela m'est égal. Je sais qui je suis. Je n'attache aucune importance aux louanges et aux critiques. Je coule comme la rivière. Les gens utilisent différemment cette rivière selon leur tempérament. Certains y étanchent leur soif, d'autres s'assoient sur ses rives pour y savourer la brise rafraîchissante, d'autres encore s'y baignent, et certains peuvent même y cracher. Mais la rivière coule tout simplement. »

Amma nous dit qu'elle a toujours eu la compréhension profonde que tout est Dieu. Elle a, en de rares occasions, révélé qu'elle était née réalisée. Nous savons aussi que personne dans l'histoire du monde n'a fait ce qu'Amma fait tous les jours depuis trente ans, ni accompli ce qu'elle a accompli. Cependant, par humilité, Amma ne dira jamais qu'elle est un *avatar*. C'est une question à laquelle chacun doit répondre personnellement.

# Chapitre 28

# *Il faut allumer la lumière : grâce et effort*

Un dévot a demandé : « Amma, si l'âme est la même en chacun de nous, alors quand une personne réalise la Vérité et le Soi, ne devrions-nous pas tous obtenir la réalisation en même temps ? »

Amma a offert cette réponse magnifique : « Mon fils, lorsque tu enclenches le commutateur général de ta maison, l'électricité circule dans toutes les pièces, la salle de séjour, la cuisine, les chambres à coucher. Pourtant, si tu veux la lumière dans ta chambre, tu dois faire l'effort d'appuyer sur l'interrupteur dans cette pièce. C'est seulement si chacun fait l'effort d'allumer son propre interrupteur que la lumière intérieure peut se révéler. »

Aussi, nous avons notre rôle à jouer. Quelque chose dépend de nous. Nous devons faire de notre mieux pour avancer sur le chemin spirituel, en accomplissant tous les jours nos pratiques spirituelles, en cultivant les qualités divines comme la patience, l'acceptation, l'humilité et l'amour, en suivant les instructions d'Amma.

Nous ne devrions jamais nous décourager dans nos efforts. Comme Amma le dit : « La grâce de Dieu gouverne tous nos efforts et donne à toutes nos actions leur douceur et leur plénitude. »

Il existe une très belle histoire illustrant les rôles complémentaires que sont l'effort personnel et la grâce de Dieu ou du maître spirituel : une mère emmène son jeune fils au concert d'un pianiste très célèbre, car elle souhaite encourager ses progrès au piano. Au moment de s'asseoir, la mère repère une amie dans le public et va la saluer. Saisissant l'opportunité d'explorer les merveilles de la salle de concert, le petit garçon se lève et se fraie un chemin jusqu'à une porte marquée : « Défense d'entrer ». Les lumières s'éteignent progressivement : le concert va commencer. La mère revient à sa place et s'aperçoit que son fils a disparu.

Le rideau se lève, sur la scène les spots lumineux éclairent le piano, impressionnant. Horrifiée, la mère découvre son petit assis devant le clavier en train de jouer en toute innocence : « La lettre à Élise ». Au même instant, le grand maestro fait son entrée. Il s'approche rapidement du piano et murmure à l'oreille de l'enfant : « Ne t'arrête pas. Continue de jouer. »

Puis se penchant, il commence à l'accompagner en faisant les notes basses de la main gauche. Bientôt son bras droit passe derrière le petit garçon, il trouve les notes hautes et enrichit encore le morceau. Ensemble, le vieux maître et le jeune novice transforment une situation paniquante en une expérience magnifique de créativité qui fascine leur public.

Il en va de même de notre vie : quelle que soit notre situation, que nous nous trouvions dans des circonstances atroces ou désespérées, quelles que soient la sécheresse de notre cœur et la nuit de notre âme, nous pouvons être sûrs qu'Amma chuchote au plus profond de nous : « Ne t'arrête pas. Continue de jouer. Tu n'es pas seul. Ensemble nous allons transformer les pièces cassées en un chef d'œuvre de créativité. Ensemble nous allons fasciner le monde avec notre chant. »

# Épilogue

# *L'amour du maître*

*« De même qu'on ne peut séparer le parfum de la*
*fleur, ni la lumière du feu, l'amour et la compassion*
*ne peuvent être dissociés du maître. »*

Amma

Quand Amma quitte l'ashram, la route est toujours bordée d'une rangée de dévots. Quand la voiture commence à rouler, Amma baisse les vitres et lance des bonbons prasad de chaque côté pour tous les gens qui se trouvent là, des visiteurs, des résidents et même des villageois des environs avec leurs enfants.

J'étais un jour dans la voiture avec Amma et j'ai vu qu'elle lançait ces bonbons même quand il n'y avait plus de dévots le long de la route, mais seulement des villageois qui n'étaient pas spécialement intéressés par son *prasad*. Ils se contentaient de regarder Amma puis s'en allaient. Ils ne se fatiguaient même pas à ramasser le *prasad* qu'elle avait lancé. J'ai fait remarquer à Amma : « Tous les dévots ont pris ton *prasad*. Maintenant, les gens qui sont sur la route ne sont que des villageois curieux de voir ce qui se passe et ils ne ramassent pas les bonbons que tu leur offres.

— Cela ne fait rien, a répondu Amma, si les villageois ne les prennent pas, des enfants qui passeront par là les ramasseront. Si les enfants ne les prennent pas, des animaux ou bien des fourmis les mangeront. Ne t'en fais pas, le *prasad* ne sera pas gaspillé. »

Même si nous ne l'acceptons pas, Amma veut quand même répandre son amour et son affection sur nous. Amma nous donne toujours autant qu'elle le peut dans le temps qui lui est imparti. Récemment, quand elle est rentrée en Inde après sa tournée aux États-Unis, environ quatorze-mille personnes sont venues au premier *Dévi Bhava*. Amma a donné le *darshan* de 19h 30 à presque 10h 30 le lendemain matin. Juste quelques jours avant, au dernier *Dévi Bhava* aux États-Unis, le *darshan* avait commencé à 20h 30 et fini à 11h le lendemain matin. Bien qu'il y ait eu moitié moins de gens, Amma a pris presque le même temps. Elle aurait facilement pu terminer à 3 ou 4h du matin. Mais elle a préféré accorder plus de temps à chacun. Elle ne pense jamais : « Oh ! ici il y a moins de gens. Je vais pouvoir finir le *darshan* rapidement et me reposer. » Si une telle occasion se présente à nous, nous ne manquerons pas d'en profiter, mais Amma ne le fait jamais. Elle ne veut jamais emprunter de raccourci. Elle a prouvé maintes fois qu'elle peut prendre dans ses bras beaucoup plus de mille cinq cent personnes en une heure. Mais s'il n'y a que sept cent cinquante personnes, elle ne va pas finir en une demi-heure. Elle va prendre aussi longtemps que s'il y avait deux fois plus de monde parce qu'elle veut donner à chacun autant que possible.

Une fois, un déséquilibré mental s'est présenté au *darshan* avec une bouteille de parfum à la main. Avant que nous puissions deviner ce qu'il projetait de faire, il a vidé la bouteille au-dessus de la tête d'Amma. Le parfum s'est répandu sur les cheveux et le visage d'Amma et lui a coulé dans les yeux. Les autres dévots étaient furieux contre cet homme et voulaient l'éloigner d'elle, mais elle les arrêta en disant qu'il avait fait cela seulement par dévotion. À cause des produits chimiques du parfum, les yeux lui brûlaient très douloureusement. Elle ne pouvait plus les ouvrir. Et pourtant elle n'était pas en colère contre lui. Elle savait qu'étant

déséquilibré, cet homme n'avait pas pu prévoir que son action la ferait souffrir. Elle lui demanda même de s'asseoir à côté d'elle et ce fut elle qui le consola car il était très malheureux de sa bévue. Que ferions-nous dans la même situation ?

En observant la patience infinie d'Amma, je me suis souvenu de sa remarque : « Si nous nous mordons accidentellement la langue, nous ne nous mettons pas à nous arracher les dents. Nous savons que langue et dents nous appartiennent et ont chacune leur utilité. De même, Amma ne considère personne comme étant séparé d'elle. Pour elle, même la souffrance d'une fourmi ou d'une plante est aussi réelle que sa propre souffrance. »

Chaque jour, Amma souffre intensément par amour pour ses enfants. En passant au *darshan*, beaucoup la serrent très fort, lui enfonçant parfois leurs doigts dans le dos ou les épaules. Quand on tente de faire lâcher cette main agrippée, Amma refuse en disant que la personne sera triste si nous ne la laissons pas l'étreindre très fort. Parfois, au moment de se relever après leur *darshan*, les gens s'appuient de tout leur poids sur ses genoux, ils lui marchent sur les pieds, ou la tirent par le cou. Quand nous lui demandons comment elle peut supporter tout cela, elle répond par une question : « Est-ce qu'une mère se met en colère si son enfant qui se précipite vers elle lui marche sur le pied ? » Qu'Amma nous considère comme ses enfants ou comme son propre Soi, son amour pour nous est inconditionnel et infini.

L'amour d'Amma ne se limite pas aux êtres humains. Un incident de son enfance montre la profondeur de son amour et de sa compassion pour tous les êtres de la création.

Un jour qu'elle faisait la queue au robinet du village pour avoir de l'eau, elle ressentit brusquement l'impulsion très forte de rentrer chez elle. Elle est partie immédiatement, sans même attendre son tour pour remplir ses seaux. De loin, elle a reconnu une des chèvres de la famille gisant sur le sol dans ses excréments, bavant et gémissant de souffrance. Elle se précipita vers la bête mourante et la caressa affectueusement en lui chuchotant à l'oreille quelques paroles apaisantes. Ensuite, elle s'écarta de la chèvre et s'assit en méditation. Quand elle rouvrit les yeux, elle découvrit la chèvre allongée, la tête posée sur ses genoux. Celle-ci avait traversé la cour en se traînant, avec toutes les difficultés qu'on imagine, pour retrouver Amma là où elle s'était assise. Elle lui caressa de nouveau la tête avec beaucoup d'amour et d'affection. L'animal expira peu de temps après. Mais le cœur d'Amma fut touché par l'immense effort que la chèvre avait fait pour la rejoindre, et, dans sa compassion infinie, elle lui accorda la libération.

Par la grâce d'Amma, même la chèvre dans sa cour a pu atteindre ce vers quoi l'humanité tend depuis toujours.

Quelle immense différence entre notre amour et celui du maître ! Il se peut que nous arrivions à aimer les membres de notre famille, nos amis et nos voisins. Mais nous sommes incapables d'aimer tout le monde. Il y a peut-être quelqu'un que nous n'aimons pas ou même que nous haïssons. Nous connaissons nous-mêmes les limites de notre amour.

Au contraire, tous ceux qui ont rencontré Amma savent que son amour est différent. Amma nous accepte tous comme nous sommes. Elle ne rejette personne. Elle ne dit jamais à quelqu'un : « Vous avez beaucoup de défauts et de mauvaises habitudes. Débarrassez-vous d'abord de tout ce qui est négatif, puis revenez me voir. » Ce serait comme si une rivière protestait contre un baigneur potentiel en lui disant : « N'entrez pas dans mes eaux. Vous êtes sale et plein de sueur. Lavez-vous d'abord et ensuite seulement, venez vous baigner. » Si cette personne ne peut pas prendre son bain dans la rivière, comment va-t-elle pouvoir se laver ?

Un des dévots américains était célèbre pour ses colères. Il y a de cela quelques années, nous nous promenions tous les deux dans le verger de l'ashram d'Amma, à San Ramon, en Californie, quand nous avons remarqué une inconnue qui cueillait des pêches et les mettait dans son sac. En repartant vers sa voiture, comme elle avait aussi des fruits dans les mains, quelques pêches lui échappèrent et tombèrent sur la route. Voyant cela, le coléreux dévot courut après les fruits qui roulaient, les ramassa et les remit gentiment dans le sac de la dame. Moi qui étais témoin de la scène, je n'en croyais pas mes yeux. Autrefois, dans des circonstances similaires, on avait pu voir ce dévot crier et chasser l'intrus de l'ashram. Mais cette fois-là, il a couru jusqu'en bas de la colline après les pêches qui roulaient, rien que pour les remettre à cette femme qui les avait prises. Plus tard, je l'interrogeai à ce sujet et il reconnut : « Oh Swami, si cet incident avait eu lieu il y a quelques années, j'aurais crié après cette femme qui a pris des fruits qui ne lui appartiennent pas. Mais après tant d'années avec Amma, je ne peux pas faire autrement que ce que j'ai fait. »

C'est l'amour inconditionnel d'Amma qui a transformé ce dévot et tant d'enfants d'Amma. Nos parents, nos amis, notre conjoint nous aiment, mais leur amour ne nous transforme pas. C'est l'amour du maître qui nous transforme.

La force de nos vieilles habitudes et de nos *vasanas* rend difficile la pratique de nobles vertus. Mais Amma est infiniment patiente, infiniment aimante avec nous, elle dit qu'elle est prête à se réincarner autant de fois qu'il sera nécessaire pour aider ses enfants. Et qu'elle souhaite nous aider non seulement dans cette vie mais aussi dans nos vies futures.

Un soir à *Amritapuri*, je suis arrivé un peu en avance sur la scène pour les *bhajans*. J'y ai remarqué un pot en terre posé devant le *peetham* d'Amma (petite plate-forme basse sur laquelle elle s'assied). J'ai demandé à un des *brahmacharis* qui préparait la scène ce que ce pot faisait là. Il m'a expliqué qu'il s'agissait des cendres d'une personne décédée récemment. J'étais dégoûté à l'idée qu'on place les cendres d'un mort près de l'endroit où

Amma allait s'asseoir. Comme j'ai été élevé dans une famille *brahmane* traditionaliste, je ne supportais pas de voir ce pot de cendres près du *peetham* que je considérais comme un temple. J'ai immédiatement demandé au *brahmachari* de mettre ce pot ailleurs. Je ne voulais pas y toucher moi-même car je le considérais comme impur. Le *brahmachari* a refusé poliment : « Swamiji, c'est Amma qui a voulu qu'il soit sur la scène. »

« Alors mets-le tout au fond de la scène au lieu de le poser juste devant le *peetham* d'Amma, » ai-je insisté. Le *brahmachari* a aussitôt placé le pot là où je le lui demandais.

Quelques minutes plus tard, Amma est arrivée pour les *bhajans*. Après s'être prosternée devant les dévots, au lieu de s'asseoir directement, elle est restée debout sur le *peetham* et s'est mise à inspecter la scène. Dès qu'elle a repéré le pot contenant les cendres, elle est allée le chercher, et l'a remis sur son *peetham*. J'étais surpris, et même un peu choqué, qu'Amma témoigne tant de respect à ce pot de cendres. Marqué par mon éducation traditionaliste, je n'arrivais tout bonnement pas à comprendre ce que faisait Amma.

Amma a gardé le pot près de ses pieds pendant tous les *bhajans*, en réajustant même parfois sa position. Je suis devenu de plus en plus agité. Je me sentais coupable de ma réaction et je pensais que c'étaient sûrement les cendres d'un grand dévot. Après les *bhajans*, Amma s'est levée sur son *peetham* et s'est baissée pour ramasser le pot. À ce moment là, mon attitude s'était radicalement transformée. J'étais plein de remords pour mes premiers sentiments. Je me suis précipité pour aller ramasser le pot et le donner à Amma. Comme j'allais le saisir, Amma m'a arrêté en me demandant d'un ton sévère : « Pourquoi le touches-tu maintenant ? Ne le touche pas. » J'ai eu l'impression de recevoir un coup de marteau sur la tête. Une fois encore, j'ai voulu aider Amma en soulevant le pot, mais elle ne m'a pas laissé faire. Elle l'a pris elle-même, a quitté la scène et s'est dirigée vers la plage pour confier les cendres à l'océan.

Je me sentais alors terriblement mal à l'aise en pensant que j'avais manqué de respect aux restes d'un grand dévot. J'ai demandé pardon à Amma et commencé à marcher à ses côtés. Elle m'a répondu de ne pas la suivre et a continué vers la plage.

Peu de temps après, j'ai eu l'occasion de parler à Amma. Je l'ai priée de me pardonner et lui ai demandé de qui étaient les cendres dans le pot.

Amma m'a dit que c'étaient celles d'une vieille dévote qui avait longtemps caressé le rêve d'accomplir une *pada pouja* pour Amma. Mais Amma était partie à l'étranger pour sa tournée aux États-Unis avant qu'elle puisse réaliser son désir. La vieille dame s'était consolée en pensant qu'elle pourrait faire la *pada pouja* au retour d'Amma. Le destin en avait décidé autrement, et elle était décédée avant qu'Amma ne revienne en Inde. Quelques jours plus tard, le fils de cette dame avait apporté les cendres de sa mère à l'ashram. Il les a montrées à Amma en disant que la dernière volonté de sa mère au moment de mourir avait été de laver les pieds d'Amma pendant la cérémonie de la *pada pouja*. Puis il a demandé à Amma de bénir l'âme de sa mère.

Aussitôt qu'Amma a entendu sa prière, elle a pris le pot des mains du garçon et l'a serré contre son cœur en fermant les yeux quelques minutes. Ensuite elle lui a dit de placer le pot sur la scène pendant les *bhajans* du soir. Bien que ce jour-là précisément, Amma ait été très occupée à donner le *darshan* et plus tard à recevoir un bon nombre de personnalités, elle n'a pas oublié de dire à l'un des *brahmacharis* de s'assurer que les cendres avaient bien été placées sur la scène. Pendant tous les *bhajans*, Amma a gardé le pot près de ses pieds en imaginant que la dévote accomplissait une *pada pouja*.

« Quelle chance elle a, cette dévote, ai-je pensé, et quelle compassion a notre maître ! »

Je vous laisse apprécier la profondeur de l'amour inconditionnel d'Amma. Amma aurait pu se contenter de bénir les cendres et de demander au fils de les immerger dans la mer. Au lieu de cela, elle a gardé le pot près d'elle et a manifesté tant de respect et d'amour envers cette dévote qu'elle est allée elle-même porter ses cendres dans l'océan. Ceci montre combien Amma est prête à satisfaire nos désirs même une fois que nous aurons quitté notre corps. C'est pourquoi Amma déclare : « Notre mère biologique peut prendre soin de ce dont nous avons besoin durant cette vie, mais Amma prendra soin non seulement de nos besoins dans cette incarnation-ci mais aussi dans toutes nos incarnations futures. »

C'est seulement l'amour de la mère pour ses enfants qui retient Amma dans son corps. En fait, elle peut abandonner son corps quand elle le désire. Il y a des années, alors que je parlais à Amma, j'ai aperçu un insecte trottiner sur sa tête. Lorsque j'ai voulu l'enlever, il a disparu dans ses cheveux. Comme je m'inquiétais à l'idée que cet insecte puisse piquer Amma, j'ai mis les doigts dans ses cheveux pour l'en déloger. Et c'est alors que j'ai été surpris de sentir un point très mou au sommet du crâne. C'était tellement mou que j'ai eu l'impression qu'une partie du crâne devait manquer. Aussi, juste pour m'assurer que son crâne allait bien, j'ai essayé de palper à nouveau cet endroit sur la tête.

À ce moment là, Amma m'a repoussé la main en me demandant : « Qu'est-ce que tu fabriques ? »

J'ai rétorqué : « Amma, tu as quelque chose de bizarre à la tête, comme s'il manquait une petite portion du crâne. »

Amma a répondu : « Ne fais pas l'idiot. Mon crâne va très bien. »

« Mais Amma, ai-je insisté, mon crâne est dur comme de la pierre. »

Amma m'a tapoté le sommet de la tête pour rire en disant :
« Je vais te le ramollir. » Puis, d'un ton plus sérieux, elle a ajouté :
« C'est par là que les yogis retirent leur force de vie quand ils
quittent ce monde. (Elle faisait référence au *Brahmarandra*). Ils
peuvent le faire à tout moment, s'ils le veulent, et abandonner leur
corps. » Je me suis senti vraiment idiot, mais la réponse d'Amma
m'a impressionné. J'avais lu quelque chose à ce sujet, mais je n'en
avais jamais eu la preuve auparavant. Ceci montre qu'Amma peut
quitter son corps quand elle le veut. C'est uniquement sa compassion et son amour débordant pour nous et son désir d'aider
ses enfants à dépasser leurs problèmes et de leur faire atteindre le
but de l'existence humaine qui la maintiennent dans son corps.

Amma offre son amour à nous tous, et cet amour a le pouvoir de guérir toutes nos blessures intérieures. Il peut transformer
chacun de nous. Essayons donc de nous ouvrir à son amour. Plus
nous nous ouvrirons à cet amour, plus nous serons transformés.

# Glossaire

**Adharma** : iniquité, absence de droiture. Déviation de l'harmonie naturelle.

**Ahamkara** : ego ou « sentiment d'un moi existant séparément du reste de l'univers. »

**Amrita Kuteeram** : le projet de logement de l'ashram de Mata Amritanandamayi qui donne gratuitement des maisons à des familles très pauvres. Plus de 30 000 maisons à ce jour ont été construites et données à travers l'Inde.

**Amritapuri** : siège principal de l'ashram de Mata Amritanandamayi, situé sur le lieu de naissance d'Amma, au Kérala, en Inde.

**Arati** : faire tourner du camphre allumé devant l'image d'une déité, ce qui marque normalement la fermeture d'une cérémonie ou d'un rituel.

**Archana** : se réfère ordinairement à la psalmodie des 108 ou 1000 noms d'une déité particulière (par exemple le Lalita Sahasranama).

**Arjouna** : un excellent archer, l'un des héros de l'épopée du Mahabharata, à qui Krishna s'adresse dans la Bhagavad Gita.

**Ashtavakra Gita** : « le chant d'Ashtavakra ». Il s'agit du dialogue entre le roi Janaka et le maître Ashtavakra sur les moyens d'atteindre la connaissance du Soi.

**Atman** : le Soi ou la Conscience.

**AUM** : (ou bien « Om »). Selon les Écritures védiques, c'est le son primordial de l'univers et la semence de la création. Tous les autres sons naissent de Om et se résolvent en Om.

**Avatar** : Incarnation divine. De la racine sanscrite « ava-tarati » signifiant « descendre ».

**Avidya** : ignorance qui est la cause première de toutes les douleurs.

**Ayyappa** : déité gouvernant le temple de Sabarimala au Kérala, considéré comme une Incarnation du Seigneur Shiva et du Seigneur Vishnou.

**Bhagavad Gita** : « le chant du Seigneur ». L'enseignement que le Seigneur Krishna a donné à Arjouna au début de la guerre du Mahabharata. C'est l'essence de la sagesse védique autant qu'un guide pratique pour faire face à une crise dans notre vie personnelle ou sociale.

**Bhajan** : chant dévotionnel.

**Bhakti** : dévotion, service et amour pour Dieu.

**Bhava** : disposition intérieure ou attitude (cf. Dévi Bhava).

**Bhiksha** : aumônes.

**Bhogi** : celui qui savoure les plaisirs sensoriels.

**Bhouta yagna** : protection et service rendu aux êtres vivants.

**Brahmachari** : moine célibataire qui pratique une discipline spirituelle sous la conduite d'un maître. (brahmacharini en est l'équivalent féminin).

**Brahmajnana** : la Connaissance de Brahman, c'est-à-dire l'expérience directe d'unité en Brahman.

**Brahman** : la Vérité ultime au-delà de tout attribut. Également, le substrat omniprésent, omnipotent et omniscient de l'univers.

**Brahmane** : la classe des prêtres en Inde.

**Brahmarandra** : orifice du corps subtil au sommet du crâne par lequel le yogi retire la force de vie au moment de la mort physique.

**Brahmasthanam (Temples)** : nés de l'intuition divine d'Amma, ces temples uniques sont ouverts aux fidèles de toutes les religions. L'icône centrale, dont les quatre faces représentent respectivement Ganesh, Shiva, Dévi et le Serpent, fait ressortir l'unité inhérente et sous-jacente aux multiples aspects du divin. Il existe actuellement seize temples Brahmasthanam à travers l'Inde et un sur l'île Maurice.

**Brahma yagna** : étude par soi-même, mise en pratique et enseignement des Écritures.

**Daksha** : un des prajapati (géniteur) de l'humanité. Père de Sati, l'épouse de Shiva.

**Darshan** : audience d'un(e) saint(e) ou vision du divin.

**Dévas** : êtres célestes.

**Déva yagna** : culte des déités gouvernant les éléments de la nature.

**Dévi** : la Déesse, la Mère Divine.

**Dévi Bhava** : l'attitude divine de Dévi. L'état dans lequel Amma révèle son unité et son identification à la Mère divine.

**Dharma** : en sanscrit, dharma signifie « ce qui maintient (la création) ». Plus communément, désigne l'harmonie de l'univers. Et aussi : droiture, devoir, responsabilité.

**Diksha** : initiation. Transmission de la semence du pouvoir spirituel (sous une forme subtile) du maître spirituel au disciple.

**(La) Gayatri** : mantra auquel est initié celui qui reçoit la qualification de brahmane et est donc autorisé à accomplir divers sacrifices.

**Gopas** : pâtres et amis d'enfance de Krishna.

**Gopis** : laitières qui vivaient à Brindavan, le village où Krishna a passé son enfance. Elles lui étaient passionnément dévouées et sont citées comme l'exemple parfait de l'amour le plus intense pour Dieu.

**Hiranyakasipou** : démon qui avait reçu la faveur de ne pas pouvoir être tué ni par une arme, ni par un être humain, ni par un animal, ni pendant le jour, ni pendant la nuit, ni au sol, ni dans les airs, ni à l'intérieur, ni à l'extérieur de son palais. Pour contourner le pouvoir de cette faveur, le Seigneur s'est incarné en Narasimha, mi-homme mi-lion, a mis Hiranyakasipou sur ses genoux et l'a tué de ses griffes, au crépuscule, sur le seuil du palais.

**Iroumoudi** : ballot contenant des noix de coco, du beurre clarifié et du riz, porté sur la tête par les dévots du Seigneur Ayyapa lors du pèlerinage de Sabarimala.

**Janma** : naissance.

**Japa** : répétition d'un mantra.

**Jivanmoukti** : libération alors que l'on vit encore dans un corps physique.

**Jnani** : personne qui a réalisé Dieu ou le Soi, celui qui connaît la Vérité.

**Karma** : actions conscientes. Également, chaîne de cause à effet produite par nos actions.

**Kauravas** : les cent enfants du roi Dhritharasthra et de la reine Gandhari, dont l'inique Duryodhana était l'aîné. Les Kauravas étaient les ennemis de leurs vertueux cousins, les Pandavas, contre qui ils se sont battus dans la guerre du Mahabharata.

**Krishna** : principale Incarnation de Vishnou. Né dans une famille royale mais élevé par des parents adoptifs, il a vécu comme un jeune pâtre à Brindavan où il a été aimé et adoré par ses compagnons dévoués, les *gopis* et les *gopas*. Plus tard, Krishna a fondé la ville de Dwaraka. Il était l'ami et le conseiller de ses cousins les Pandavas, et plus particulièrement d'Arjouna, dont il a conduit le char pendant la guerre du Mahabharata, et à qui il a révélé les enseignements de la Bhagavad Gita.

**Krishna Bhava** : attitude intérieure de Krishna. L'état dans lequel Amma révèle son unité et son identification à Krishna. Initialement, Amma donnait le darshan du Krishna Bhava juste avant celui du Dévi Bhava. Pendant le Krishna Bhava, elle ne s'identifiait pas aux problèmes des dévots qui venaient à elle mais restait dans l'état de témoin. Voyant que les gens à notre époque avaient besoin avant tout de l'amour et de la compassion de Dieu sous la forme de la Mère Divine, Amma a cessé de donner le darshan du Krishna Bhava en 1985.

**Lalita Sahasranama** : les mille noms de la Mère Divine que les dévots psalmodient quotidiennement dans tous les centres et les ashrams d'Amma, soit en groupe, soit individuellement.

**Lila** : jeu divin.

**Mahabharatha** : l'une des deux grandes épopées historiques indiennes, l'autre étant le Ramayana. C'est un traité remarquable sur le dharma. L'histoire raconte principalement le conflit entre les vertueux Pandavas et les iniques Kauravas, et la guerre de Kouroukshetra. Avec ses 100 000 vers, c'est le poème épique le plus long du monde, écrit vers l'an 3200 avant J.C. par le sage Vyasa.

**Mahati vinashti** : littéralement, « la grande perte » ou ne pas avoir atteint la réalisation du Soi pendant sa vie.

**Mahatma** : littéralement, « grande âme ». Bien que le terme soit actuellement utilisé plus largement, nous l'employons dans ce livre pour désigner une personne qui demeure dans la connaissance de son unité avec le Soi universel ou l'Atman.

**Mala** : rosaire.

**Mantra diksha** : initiation par un mantra.

**Mata Amritanandamayi Dévi** : nom monastique officiel d'Amma signifiant la Mère de béatitude immortelle, souvent précédé de « Sri » pour dénoter un aspect propice.

**Mithya** : changeant, donc transitoire. Également, illusoire ou faux. Selon le Védanta, le monde visible tout entier est mithya.

**Naimithika karma** : rituels que l'on doit accomplir pour des occasions particulières, comme un mariage, un décès …etc.

**Narasimha** : incarnation de Vishnou sous une forme mi-lion mi-homme (cf Hiranyakasipou).

**Nara yagna** : service envers nos compagnons humains.

**Nayana diksha** : initiation par le regard.

**Nishiddha karma** : actions interdites par les Écritures.

**Nitya karma** : actions à accomplir quotidiennement selon les injonctions des Écritures.

**Om Amriteswaryai Namaha** : mantra utilisé pour saluer Amma, signifiant «Salutations à la Déesse de l'immortalité».

**Pada diksha** : initiation durant laquelle le maître nous touche de son pied.

**Pada pouja** : cérémonie durant laquelle on lave les pieds ou les sandales du gourou en signe de respect et d'amour. Généralement, on verse sur les pieds du maître de l'eau pure, du yaourt, du beurre clarifié, du miel et de l'eau de rose.

**Panchamahayagna** : les cinq grands sacrifices que le laïc doit accomplir quotidiennement pour payer sa dette envers la Nature et les forces naturelles à qui nous sommes redevables.

**Panchamritam** : mélange sucré de miel, lait, yaourt, beurre clarifié et sucre candi.

**Pandavas** : les cinq fils du roi Pandou et les héros de l'épopée du Mahabharata.

**Parvati** : compagne de Shiva.

**Peetham** : plate-forme basse. Siège du gourou.

**Pitr loka** : monde des défunts.

**Pitr yagna** : rituels accomplis pour les ancêtres décédés.

**Pouja** : cérémonie ou rituel d'adoration.

**Pounarjanma** : renaissance.

**Pouranas** : par des exemples concrets, des mythes, des histoires, des légendes, des vies de saints, de rois, de femmes et d'hommes exceptionnels, par des allégories et des chroniques d'événements historiques importants, les Pouranas cherchent à rendre les enseignements des Védas accessibles à tous.

**Prajapati** : premier né, de qui sont nées toutes les autres créatures, y compris les êtres humains, les démons et les êtres célestes.

**Prana shakti** : force vitale.

**Prarabdha** : fruits des actions de vies antérieures dont on est destiné à faire l'expérience dans cette vie-ci.

**Prasad** : offrande ou cadeau béni d'un saint ou d'un temple, souvent sous forme de nourriture.

**Prayaschitta karma** : actions accomplies pour remédier aux effets négatifs d'actions passées qui étaient intentionnellement nuisibles.

**Preyo marga** : poursuite du bonheur matériel, c'est-à-dire de la richesse, du pouvoir, de la réputation.

**Rahou** : éclipse du soleil par la lune. Considérée comme une planète fictive dans l'astrologie védique.

**Rakshasa** : démon.

**Rama** : le héros divin de l'épopée du Ramayana. Incarnation du Seigneur Vishnou et considéré comme l'idéal du dharma et de la vertu.

**Ravana** : puissant démon. Vishnou s'est incarné sous la forme du Seigneur Rama afin de tuer Ravana et restaurer ainsi l'harmonie du monde.

**Rishi** : sages clairvoyants ayant réalisé le Soi, qui perçoivent les mantras.

**Sabarimala** : temple dédié au Seigneur Ayyapa situé dans les collines à l'ouest du Kérala.

**Sadhana** : pratique spirituelle.

**Samadhi** : unité avec Dieu. État transcendantal où l'on perd tout sentiment d'identité individuelle.

**Samsara** : cycle des naissances et des morts.

**Sanatana dharma** : « le Chemin éternel de la vie ». Nom traditionnel de l'hindouisme.

**Sankalpa** : résolution divine.

**Sannyasin** : moine qui a prononcé les vœux de renonçant (sannyasa). Il porte traditionnellement un vêtement ocre, couleur qui symbolise le feu dans lequel il a brûlé tous ses désirs. Au féminin : Sannyasini.

**Satgourou** : littéralement, « maître authentique ». Tous les Satgourous sont des mahatmas, mais tous les mahatmas ne sont pas des Satgourous. Le Satgourou est celui qui, tout en faisant l'expérience de la béatitude du Soi, choisit de descendre au niveau des gens ordinaires pour les aider à progresser spirituellement.

**Sati** : fille de Daksha, compagne de Shiva. Incapable de supporter les critiques de Daksha contre Shiva, Sati s'est immolée dans le feu intérieur de ses pouvoirs yogiques. Réincarnée plus tard en tant que Parvati, elle est redevenue la compagne de Shiva.

**Satsang** : être en communion avec la Vérité suprême. Également, être en compagnie des mahatmas, écouter un discours ou une discussion d'ordre spirituel, ou pratiquer des exercices spirituels en groupe.

**Séva** : service désintéressé, dont les fruits sont offerts à Dieu.

**Shankaracharya** : mahatma qui a rétabli, par ses œuvres, la suprématie de la philosophie non-dualiste de l'Advaïta alors que le Sanatana Dharma connaissait un déclin.

**Shiva** : adoré comme le premier et le plus grand dans la lignée des gourous, comme le substrat sans forme de l'univers en relation avec la Shakti créatrice. Seigneur de la destruction (de l'ego) dans la trinité de Brahma (Seigneur de la création), Vishnou (Seigneur de la préservation), et Shiva. Généralement représenté comme un moine dont le corps est recouvert de cendres, avec des serpents dans les cheveux, n'ayant pour tout vêtement qu'un pagne, et pour seules possessions un bol pour mendier et un trident.

**Sita** : sainte compagne de Rama. Considérée en Inde comme la femme idéale.

**Smarana diksha** : initiation par la pensée.

**Soudhamani** : prénom d'Amma donné par ses parents à sa naissance, signifie « Pur joyau ».

**Sparsha diksha** : initiation par le toucher.

**Sreyo marga** : la poursuite du bonheur ultime, la réalisation du Soi.

**Tapas** : austérités, pénitences.

**Tattwa bhakti** : dévotion fondée sur la connaissance, ou la compréhension juste de la nature véritable du maître spirituel ou de Dieu.

**Tirouvannamalai** : ville au pied de la colline sacrée d'Arounachala, dans l'État du Tamil Nadou, au sud de l'Inde. Le célèbre saint Ramana Maharshi y a passé sa vie.

**Upanishad** : portions des Védas traitant de la philosophie du non-dualisme.

**Vairagya** : détachement, particulièrement de tout ce qui est éphémère, c'est-à-dire de tout le monde visible.

**Vasana** : tendances latentes ou désirs subtils mentaux qui se manifestent par des actions ou des habitudes.

**Védanta** : « la fin des Védas ». Se réfère aux Upanishads qui traitent de Brahman, de la Vérité suprême et du chemin à parcourir pour réaliser la Vérité.

**Védas** : la plus ancienne des Écritures. Les Védas n'ont pas été composées par un auteur humain, mais « révélées » aux rishis des temps passés alors qu'ils se trouvaient en profonde méditation. Les mantras composant les Védas sont présents là dans la nature, sous forme de vibrations subtiles. Les rishis allaient si profondément dans leur méditation qu'ils étaient capables de percevoir ces mantras.

**Védique** : relatif aux anciennes Védas.

**Vibhouti** : cendre sacrée (souvent sanctifiée par la bénédiction du maître).

**Vivéka** : discernement, particulièrement entre l'éphémère et le permanent.

**Yagna** : sacrifice, au sens d'offrir quelque chose en signe d'adoration, ou bien accomplir une action pour un bienfait personnel ou collectif.

**Yoga** : « unir ». Union avec l'Être suprême. Au sens large, se réfère aux diverses méthodes pratiques par lesquelles on peut atteindre l'unité avec le Divin. Chemin qui mène à la réalisation du Soi.

**Yogi** : pratiquant ou adepte du yoga.